Adolf Zahn

Studien über Johannes Calvin

Die Urteile katholischer und protestantischer Historiker im 19. Jahrhundert über

den Reformator

Adolf Zahn

Studien über Johannes Calvin
Die Urteile katholischer und protestantischer Historiker im 19. Jahrhundert über den Reformator

ISBN/EAN: 9783743412590

Hergestellt in Europa, USA, Kanada, Australien, Japan

Cover: Foto ©Lupo / pixelio.de

Manufactured and distributed by brebook publishing software (www.brebook.com)

Adolf Zahn

Studien über Johannes Calvin

Studien

über

Johannes Calvin.

Die Urteile katholischer und protestantischer
Historiker im 19. Jahrhundert über den Reformator

von

Dr. th. Adolf Zahn.

> In his eyes, God alone was great, man but a fleeting shadow. Absolute obedience of his intellect to the will of God, and obedience of his will to the will of God: this was the soul of his religion.
> Schaff.

Gütersloh.
Druck und Verlag von C. Bertelsmann.
1 8 9 4.

Vorwort.

Die Zeiten sind vorüber, wo Calvin ein vergessener und verlästerter Mann war. Für Deutschland hat die treue und zuverlässige Arbeit von Henry die Bahn gebrochen. Die musterhafte Strafsburger Ausgabe stellt den Reformator für jedermann in das volle Licht der Geschichte. Gott erneuert immer das Alte, das ihm einmal in Wahrheit und Geist gedient hat. Calvin hat einmal Peter Martyr das Wunder Italiens genannt: noch mehr ist er selbst ein Wunder. Wohl in Übereinstimmung mit den übrigen Reformatoren, aber doch in hoher Originalität hat er es durchgefochten, dafs vor Gott auch nicht das geringste Werk des Menschen Verdienst und Bedeutung habe, sondern dafs er für sein Heil ganz von der freien Gnade Gottes abhänge, die sich in unbeschränkter Freiheit mitteile, an wen sie wolle, wenn sie auch nur Sünde und Verdammnis finde. Welch eine Macht des Geistes aus Gott mufste in einem Manne sein, der Jahrhunderte voll frommer Anmafsung zu zerschmettern wagte, und ihnen gegenüber die alleinige Autorität des Wortes Gottes und der souveränen Gnade behauptete. Es ist das so etwas Staunenswertes, dafs man immer mit Verwunderung vor diesem Rätsel der Weltgeschichte steht. Dabei ist es ein von Hause aus schüchterner Mann, später von mannigfaltigen Krankheiten gequält, der unter gleichsam unerschöpflichen Leiden dieses Werk vollbringt. Auch hat er nicht mit Menschen allein zu ringen, sondern „mit den bösen Geistern unter dem Himmel," die ihre ganze Macht gegen den Erdenwurm setzen. Allein Gott konnte ihn und hat ihn erhalten. Sein Einfluſs hat zwei Jahrhunderte beherrscht, ist dann wie verschwunden gewesen, und erst in unserem Jahrhundert wieder in das Recht getreten, das er verdient, freilich mit dem schwachen und armen Wesen, das auf allem liegt, was unsere Zeit auch als Gutes noch besitzt. Der reine und echte Calvinismus ist selten geworden, und die Länder desselben sind schwach gegen Unglauben und Rom. Aber gerade bei diesem Niedergange lehrt Calvin, daſs es keine Siege giebt, als in völliger Unterwerfung unter die ganze h. Schrift, die überall von Gottes Geist eingegeben ist, als in alleiniger Verherrlichung der Gnade Gottes. Ein so scharfsinniger, viel geläuterter, alles prüfender Geist, fortwährend nüchtern in Leiden, tiefernst, der den Betrug aller Menschen und alles Sichtbaren durchschaute, hat sich in der tiefsten Ehrerbietung und heiligsten Scheu der h. Schrift unterworfen, mit der er allein seine Streite stritt.

Calvin waren alle Bücher der Schrift echt, und von den Verfassern, die für sie genannt sind; der Schrift ist überall zu glauben, und diese lehrt die Freiwahl der Gnade, die Knechtschaft des menschlichen Willens, die Gerechtsprechung des Gottlosen, die Bewahrung der Gläubigen. Und dies heilige und unumstöſsliche System, begleitet von musterhafter, sich immermehr vertiefender Exegese, springt aus dem Kopfe eines 26jährigen Mannes in voller Rüstung, wie die Minerva aus dem Kopfe des Jupiter: er hat nicht mehr daran geändert, er hat nur erweitert und verstärkt, bis zuletzt lehrte er das Gleiche. Und welche Wirkung hat seine Lehre gehabt: sie hat die Welt erneuert.

Blickt man von dieser Festung der Wahrheit in die Theologie der Gegenwart, so hat sie fast alles verloren, was der Reformator erworben hat, und an die Stelle seines Einflusses ist Ohnmacht und Verachtung getreten. Das Wort ist geschwunden, und mit ihm der Geist: vergeblich sucht man die kalten Hände an einem leeren Schein zu wärmen.

Der fade Rationalismus eines Ritschl ist in rohem Radikalismus geendet: „die gesetzliche Autorität der h. Schrift ist im Herrschaftsgebiet protestantischen Geistes ebenso aussichtslos, wie mit dem Wesen des evangelischen Glaubens unverträglich" (Gottschick): so schliefst der Protestantismus am Ende des Jahrhunderts ab, während unter den gespäfsigen Lobreden eines unsaubern Bayern die Jesuiten im Reichstag zurückgerufen werden. Ich verweise hier auf meine Ausführungen in dem Abrifs einer Geschichte der evangelischen Kirche auf dem europäischen Festlande (3. Aufl. 1893).

Vor dreifsig Jahren fing ich meine Studien über Calvin mit einer Schilderung einer französisch-reformierten Gemeinde in Halle a. d. Saale an: Die Zöglinge Calvins in Halle a. d. Saale 1864, mit dem Bilde Calvins, das auch die Strafsburger Ausgabe schmückt; dann sandte ich den Lutheranern einen Grufs zum Lutherfeste 1883: Die Urteile Calvins über Luther; in meiner Wanderung durch Schrift und Geschichte brachte ich einen Aufsatz über Calvin als Dichter — und weiter trug ich mich mit dem stolzen Gedanken, ein Leben Calvins, oder wenigstens seiner letzten Jahre, nachdem in Genf Ruhe eingetreten war, zu geben, wie ich mir ein solches Leben dachte: reiche Mitteilung aus seinen Werken, lebhaftes Kolorit durch die Korrespondenz mit den Freunden, so dafs gleichsam die ganze evangelische Welt nach Genf schaut, dann die Beziehungen zu den Nationen, und dies eingerahmt durch das einfache Haus in der Rue de Chanoines, mit dem vielfachen Verkehr bei dem bedürfnislosen armen Reformator, der nur einmal des Tages ifst, wenig schläft, fast alle Krankheiten hat, ein verzehrter Leib mit funkelnden Augen. Stähelin hat noch auf etwas Wichtiges aufmerksam gemacht: es wäre die Genfer Zeit aus den Predigten Calvins zu beleuchten; diese seien ein Spiegelbild aller dortigen Vorgänge, gleichsam der Kanzelklang über der tobenden Stadt. In letzterer Beziehung läge noch eine schöne Arbeit vor.

Nun, ein nützlicher Beitrag zu einem Leben Calvins war einst mein Wunsch: es sind nur Brocken davon, die ich hier biete.

Stuttgart, im April 1894.

Zahn.

Inhalt.

	Seite.
Professor F. W. Kampschulte über Calvin	1
Professor Cornelius in München über Calvin	19
Dr. E. Stähelin über Calvin	55
Hase über Calvin	59
Dorner über Calvin	80
Friedrich Loofs über Calvin	82
Philip Schaff über Calvin	86
Erich Marks über Calvin	92
Lic. th. August Lang über Calvin	94
La France protestante über Calvin	95
Servet	98
Dr. A. Kuyper über Calvin	110
Wilhelm Dilthey über Calvin	115

Professor F. W. Kampschulte über Calvin.

Johann Calvin, seine Kirche und sein Staat in Genf. Von F. W. Kampschulte, o. ö. Prof. der Geschichte an der Universität Bonn. Erster Band. Leipzig, Verlag von Dunker und Humblot. 1869.

So mannichfaltig die Studien auch sind, die die neuere Zeit über den Genfer Reformator gebracht hat, so hat der Verfasser doch in seinem Vorworte recht, wenn er meint, dafs dieselben nicht allen Ansprüchen genügen. Meist ein persönlicher Aufenthalt an den verschiedenen Orten hat ihm einen neuen reichen Quellenschatz eröffnet. In Genf sammelte er namentlich mit Hülfe des Professor Galiffe, der ihm die Funde seines Vaters zur Verfügung stellte, die Ergebnisse der Genfer Ratsprotokolle. „Eine Geschichte der Genfer Wirksamkeit des Reformators, sagt er, kann nur auf der Grundlage der gleichzeitigen Ratsprotokolle aufgebaut werden." Diese sind daher auch seine Autoritäten und fast unbezweifelte Zeugen. Überall in Bern, in Zürich, besonders in Strafsburg, in deutschen und italienischen Städten ist man ihm mit der gröfsten Liberalität entgegengekommen und hat sein Unternehmen gefördert. Gedruckte und handschriftliche Quellen hat er mit ausdauerndem Fleifse durchforscht und ist demnach mit einem wahrhaft einzigen, grofsartigen Material für seine Arbeit ausgerüstet.

In welcher Weise ist nun dasselbe benutzt worden und was für eine Geschichte Calvins wird uns hier geboten? Unter den Quellen nehmen, wie wir schon bemerkten, die Genfer Ratsprotokolle die erste Stelle ein, ihnen wird unbedingt Glauben geschenkt und nach ihnen werden alle übrigen Geschichtszeugnisse abgemessen. Der Reformator in seinen eigenen Behauptungen, der „Panegyriker" Beza, Bonivard, Froment treten vor denselben zurück. Aber sind diese Ratsprotokolle wirklich die fast allein berufenen Gewährsmänner für eine so unvergleichliche Geschichte wie die Calvins, stehen sie nicht in ihrer Redaktion und Zusammenfassung unter dem Einflusse eines doch auch von den Parteiumtrieben beherrschten Sekretärs? Mit Recht wären sie derselben scharfen Kritik zu unterwerfen gewesen, wie alle übrigen Quellen. Von solcher gebotenen Bezweiflung ist uns wenig begegnet. Aufser dieser die Geschichte gestaltenden Abhängigkeit von den Ratsprotokollen sind es drei Gesichtspunkte, von denen der Verfasser Calvin zu betrachten pflegt, zunächst der der geschichtlichen Unbefangenheit und Wahrheitsliebe — und hier geben wir ihm das Zeugnifs, dafs er sich wenigstens bemüht hat, den Schein derselben künstlich zu erwecken; dann der des Katholiken und zuletzt noch der des weichlichen Humanisten.

Kampschulte erkennt überall ein gewisses Recht der Reformation an, er läfst den Katholizismus durch seine eigene Schuld fallen, bestand dieselbe auch meistens nur in der Unwissenheit und Zuchtlosigkeit seiner Diener, aber dabei bleibt ihm doch dieselbe eine kirchliche Revolution, die Fortsetzung der Bewegungen, die „der erwachende Genius der modernen Revolution," Hufs angefangen hat. Zu dieser Anschauung der Reformation kommen dann die humanistischen Weichlichkeitstheorien, nach denen namentlich die schneidende, blutige Zucht des vom Geiste Calvins beherrschten Freistaates in ein oft grelles Licht gestellt wird. Ein kühles, oft auch nur wissenschaftlich allein teilnehmendes Auge mustert den Kampf eines Mannes und einer Zeit, für den und für die unserer falschen Bildung eigentlich das Verständnis ganz abhanden gekommen ist. Ein Mann, der von glühendem Hasse gegen die römische Lüge erfüllt ist, der in stetem Verkehr mit Gott lebt, dessen ganzes Leben eine Aufopferung für die Wahrheit der Schrift ist, der nie sich selbst suchte, sondern allein die Ehre Gottes, die Heiligkeit und Errettung seiner Brüder (so beurteilen wir ihn): wird von Kampschulte in allem diesem genau beobachtet und beschrieben und schliesslich doch zu einer sein Gefühl abstofsenden Karikatur gemacht. Und dies geschieht in mehr versteckter als offenbarer Weise. Voll Anerkennung für die gewaltigen Gaben des Mannes, der in seinen Schriften die römischen Gegner durch Scharfsinn, Glanz und Wuchtigkeit weit übertrifft, in seinem öffentlichen Wirken überall die klarste, zäheste Konsequenz und eine bewundernswerte Harmonie des Wollens offenbart, ein geistiger Heros, macht er uns doch denselben nicht nur zu einem eisigen Fels oder wütenden Vulkan, sondern sucht ihm auch, wo es möglich ist, kleine sehr bedenkliche, schmutzige Flecken anzuheften. Mit wahrer Liebhaberei, oft nur in Anmerkungen, forscht Kampschulte den Zügen nach, die den Mann Gottes erniedrigen. Wir wollen dies näher beweisen. Der vorliegende erste Band bringt zunächst in zwei Büchern die Geschichte der Herstellung der Unabhängigkeit Genfs und dann der Einführung der Reformation. Das dritte Buch bringt die Geschichte Calvins bis zu seiner Rückkehr nach Genf, das vierte seine zweite Thätigkeit in der Stadt bis zu den ersten Regungen der Unzufriedenheit. Wir nehmen hier nur die beiden letzten Bücher zur Bestätigung unserer Vorbemerkungen durch. Es ist freilich nur ein verhüllter Tadel, der über Calvin zunächst in der Schilderung seiner unter seinen Mitschülern vereinsamten Stellung verhängt wird. „Sein strenges, schroffes und doch wieder scheues und zurückhaltendes Wesen, sowie der sittenrichtende Ton, den er oft seinen Genossen gegenüber annahm, scheint unter diesen eine ziemlich allgemeine Mifsstimmung gegen ihn hervorgerufen zu haben." Es war natürlich sein ernstes Gerechtigkeitsgefühl, welches diese Mifsstimmung hervorrief, indessen zeigt sich wohl schon hier nach Kampschulte jener unleidliche Mensch, der nachher einer ganzen Kirche zur furchtbaren Beschwerung werden sollte.

Von dem zu dem Sterbelager seines Vaters geeilten Studenten in Orleans wird uns berichtet: „Mit dem Ausdruck einer fast unheimlichen Kälte meldet er dem jungen Duchemin die völlig hoffnungslose Lage des Kranken. — — Ungeduldig harrt er des Tages, der ihn seinen gelehrten Studien wiedergeben wird." Die angeführten kurzen Briefworte Calvins können je nach der Empfindlichkeit des Lesers diesen Eindruck machen oder nicht. Indessen ist doch ein neuer schwarzer Strich zu dem schroffen, unbeliebten Knaben Calvin gekommen. Sehr mäfsig ist das Lob, welches dem Freundschaftsleben Calvins gespendet wird, wenn es von dem Briefwechsel, den er von Paris (1531) mit seinen Bekannten in Orleans führte, heifst: „ein für Freundschaft empfängliches, dankbares Gemüt tritt uns aus ihm entgegen." — „Im Mai 1534 treffen wir ihn nochmals in seiner Vaterstadt Noyon, um sich seiner kirchlichen Pfründen zu entledigen. Er konnte sie nicht länger behalten, ohne gewissenlos zu handeln, fand es aber mit seinem Gewissen noch vereinbar, sich für den Verzicht eine Entschädigung zahlen zu lassen."

Richtig sagt Bungener:

Darf man es ihm zum Vorwurf machen, nicht früher

darauf verzichtet zu haben? Das hiefse die damaligen Thatsachen nach den späteren beurteilen und die Lage viel deutlicher erkennen als sie es damals noch sein konnte. Die Männer der Bewegung dachten nicht daran, aus der Kirche zu treten, sondern sie umzuwandeln, es bestand daher für sie zu Anfang keine Gewissenspflicht, die Stellungen zu verlassen, die sie in dem Schofse derselben einnahmen. Weshalb hätte Calvin gleich am ersten Tage darauf verzichten sollen, einmal als Pfarrer in sein Kirchspiel Pont-l'Evêque zurückzukehren und dort als Pfarrer das zu predigen, was er ohne offiziellen Titel in Paris predigte? Hatte man nicht in Deutschland und in der Schweiz Pfarrer als Geistliche in ihren bekehrten Gemeinden bleiben sehen?

In der Besprechung der Institutio Calvins, die ihre gebührende Ehre empfängt (obwohl uns hier am meisten der Mangel eines wirklichen theologischen und tieferen Verständnisses der bedeutendsten Arbeit Calvins begegnet, es redet hier der schönschreibende Dilettant) heifst es einmal: „Calvin (im Gegensatz gegen Luther) schon unter dem Kampfe der neuen Meinungen aufgewachsen, hat sich, wie dies auch seine späteren Schriften deutlich zeigen, nicht mehr eigentlich in den Geist des Katholizismus eingelebt." Damit wird sein eigenes Zeugnis, wie tief er in dem Schmutze des römischen Aberglaubens gesteckt habe, in dem er sein ganzes Leben zu bleiben einst hartnäckig gelobte, und seine göttliche Bekehrungsgeschichte abgeschwächt, und widerlegt sich der mif diesen Thatsachen bekannte Verfasser selbst. Nur ein mit dem Romanismus so bekannter und in ihm grofsgewordener Mann konnte denselben in der Weise widerlegen, wie es Calvin that. Bei der Lehre vom Staat wird es bei Calvin befremdlich gefunden, dafs er, der die rücksichtsloseste Kritik gegen die verschiedenen Staatsformen geübt, den Unterthanen jede müfsige Kritik verboten habe: nun seine

Kritik war eben keine müfsige und was dem Meister erlaubt ist, das nicht den andern. Man sollte doch nicht bei einem so konsequenten Geiste kleinliche Widersprüche nachweisen wollen, was der Verfasser öfter, aber ohne Geschick, übt. Merkwürdig war uns auch, dafs er sich bei Calvin die Forderung des unbedingten Gehorsams gegen die Obrigkeit mit jenem Vorbehalt nicht vereinigen kann, dafs man ihr, wo es die Ehre Gottes und die Wahrheit seines Wortes betrifft, nicht zu gehorchen habe. Es mag in dem einzelnen Falle die Weisheit des richtigen Benehmens in der Praxis schwer zu finden sein, will man aber die theoretische und logische Besprechung dieses Konfliktes in einem Lehrbuche damit tadeln, dafs man sagt, der gemachte Vorbehalt breche völlig das zu Gunsten der Obrigkeit gesagte wieder ab, so zeigt man, dafs man eben sehr wenig von der Logik Calvins hat. Es soll aber hier wieder der Revolutionsmakel an den Reformator so nebenbei gefügt werden. Nach welchem Mafsstabe schliefslich die Institutio gemessen wird, zeigt die Bemerkung, dafs einige Abschnitte in ihr dem Schönsten, was von Pascal und Bossuet geschrieben sei, an die Seite gestellt werden können. An welche kleineren Geister wird damit der Genfer herangerückt — und ein solcher war auch neben ihm Pascal (von Bossuets Wortprunk gar nicht zu reden). Schliefslich überschleicht den Verfasser ein unheimliches Gefühl bei dem Durchlesen der Institutio und er fällt das Urteil, dafs ein solches System unmöglich dem denkenden, Belehrung und Trost suchenden Menschengeist innere Ruhe und Befriedigung gewähren könne. Er giebt sich dann die Mühe, alle die von Calvin gebrauchten Schimpfworte mit Akribie zu sammeln und setzt uns dieses Gericht mit einmal vor. Auf wen soll das Eindruck machen? Vielleicht auf das schlaffe Geschlecht der Gegenwart, aber doch nicht auf einen nüchternen Menschen. Die Reformatoren waren gewaltige Durchbrecher und gingen in rauschender Rüstung einher, während wir ohne ihre Liebe und ihren Ernst zu haben, in kalter Mattigkeit uns gegenseitig abfertigen. Wenn es aber zur besseren Kenntnis der „evangelischen Milde und christlicher Resignation" dienen kann, so machen wir auf die furchtbaren Worte Johannes des Täufers, Jesu Christi, Pauli und des Apokalyptikers aufmerksam, um unsere Milde als Charakterlosigkeit und Geisteskälte zu erkennen, (Otterngezücht, Füchse, Hunde, übertünchte Gräber etc.)

In allen solchen Ereignissen aus dem Leben Calvins, wo er durch die Heftigkeit der zu führenden Kämpfe aus der Besonnenheit und Mafshaltung herausfiel, wird der Erzählung die Wendung gegeben, dafs er dadurch fast als die alleinige Ursache der entstandenen Verwirrung und Notlage erscheint. So müssen nach Kampschulte die aus Genf vertriebenen Pastoren sich selbst am meisten anklagen, dafs sie durch ihre mafslosen Ausfälle den Rat und die Stadt gegen sich empörten. Der Magistrat übte meist „eine gerechte Würdigung des Ernstes der Lage und beschliefst, um jede leidenschaftliche Übereilung zu vermeiden, dem grofsen und allgemeinen Rat die Entscheidung anheim zu stellen" etc. Zur Charakteristik der Parteien wird in Anmerkung angeführt, dafs ein gewisser Curtet, ein Anhänger der Prediger, einer der eifrigsten der Klerikalen, vor und nach dieser Zeit wegen sittlicher Ausschweifungen bestraft worden ist. Hier ruht nun ganz die Auffassung der Ereignisse auf den von den Feinden Calvins redigierten Ratsprotokollen, welchen natürlich unbedingt geglaubt wird. Bei einer solchen scheinbar ganz gerechten Ausweisung Calvins aus Genf bleibt die spätere Zurückberufung desselben sowohl nach einem göttlichen als auch nach einem menschlich kausalen Zusammenhang der Dinge unbegreiflich. Ein so seiner heiligen Aufgabe geweihtes Leben wie das Calvins bietet der Blöfsen nicht viele, aber wo auch nur eine sich zeigt, wird Kampschulte sie zu treffen nicht unterlassen. Derselbe Calvin, welcher in Regensburg Deutschland als sein Deutschland anrede und es vor der bepurpurten gottlosen Bande des Papstes warne, habe damals den Dank Franz I. für seine guten ihm geleisteten Dienste geerntet, d. h. er sei Deutschlands und Frankreichs Freund zu gleicher Zeit gewesen. Kampschulte weifs nun freilich nicht, worin diese Dienste bestanden haben, auch sieht man nicht ein, warum nicht ein guter Franzose (obwohl Calvin über den nationalen Standpunkt hinaus war) Deutschland ermahnen dürfe, sich dem päpstlichen Joche zu entziehen: indessen ist doch wieder Calvin so unter der Hand ein Schimpf angethan.

Geht man im Folgenden die Auffassung der Zustände in Genf nach Calvins Fortgang, wie sie Kampschulte giebt, aufmerksam durch, so kommt man zu dem Schlusse, dafs Kampschulte kein Recht hat, die Schilderungen der Genfer Zustände, wie sie Calvin und Farel aus ihrem Exil geben, als übertrieben und grundlos zu bezeichnen. Er macht das Zugeständnis, dafs unleugbar bei der Vertreibung der Prediger auch Elemente mit wirksam gewesen, die jeder strengen Zucht widerstrebten; auch das wird zugegeben, dafs katholische Sympathien dabei im Spiele waren, ja schon im März 1539 vernimmt man nach Kampschulte in Genf wieder öffentliche Äufserungen einer entschiedenen katholischen Gesinnung, Emigrierte wagen zurückzukehren, namentlich Geistliche, der Syndik Belard, „ein ehrlicher Mann", will nur darum die Messe für schlecht erklären, weil es „den Herren", dem Rate, so gefalle. Und was ist von der anfänglich gerühmten Wirksamkeit der Nachfolger Calvins und Farels zu halten, wenn uns Kampschulte von ihnen nachher sagt, dafs sie ihrer schwierigen Aufgabe nicht gewachsen, ihre seelsorgliche Leitung ungenügend gewesen wäre, die kirchliche Disciplin in Verfall geraten sei, der Gottesdienst seine Würde verloren habe. Farels Klagen an Calvin im Januar 1539 werden als übertrieben aufgefafst, und im Februar desfelben Jahres klagen die neuen Prediger selbst vor dem Rate über die hereinbrechende Zuchtlosigkeit. Die beiden Vertriebenen werden Genf ganz richtig beurteilt haben, wenn schon im Herbst 1539 der Rat den neuen Predigern keinen Schutz mehr gewährt. Der wilde Wirrwarr, in den zuletzt die Stadt hineinstürzt, das blutige Ende der Gegner Calvins und vieles andere beweisen uns die wohlbegründete Anschauung Calvins und Farels über die Genfer Zustände.

Wagt sich ein Geschichtschreiber an den Tadel solcher Männer, so soll er wohl die Kosten für sein Unternehmen überschlagen haben. Mit unseren modernen Ideen, mit unseren weichlichen, erstorbenen Gefühlen werden wir der Reformationszeit nicht gerecht.

In dem heftigen Widerstreben Calvins nach Genf zurückzukehren findet Kampschulte in nicht geringem Grade auch Berechnung. Genfs Übermut sollte gedemütigt werden etc. Dies ist nur zum Teil wahr und scheint uns dann auf grofser Weisheit zu beruhen. Indessen sagt uns Kampschulte selbst nachher, dafs Calvin, auch nachdem er sein Wort gegeben, die alten Bedenken in gleicher Stärke wie früher gehabt habe. „Und war denn, setzt er hinzu, der Schritt, den er thun sollte, nicht in der That ein bedenklicher." Es folgt dann eine Apologie der Zögerung Calvins. In solchen Äufserungen Calvins, wie in der gegen die Zürcher: „Lieber würde ich übers Meer ziehen als nach Genf, wenn ich meinen Neigungen folgen dürfte", liegt doch wohl keine Berechnung.

In dem vierten Buche seiner Geschichte finden wir gleich am Anfang die für das Folgende bezeichnenden Worte:

„Sollte Calvin nicht in seiner Rückkehr nach Genf die unmittelbare Fügung des allmächtigen Gottes selbst erkennen? Jener tief ernste, fatalistische Zug, der durch sein ganzes Wesen geht, mufste nach solchen Vorgängen notwendig an Stärke gewinnen." Es werden dann oft auch sehr düstere Lichter über Calvins neue Thätigkeit in Genf geworfen.

„Wie er selbst ein ansehnliches Auskommen hatte — er fand es gleichwohl nur mittelmäfsig — so verlangt er auch für seine Amtsbrüder ein Gleiches." Calvin bekam 500 Gulden nebst entsprechender Wein- und Getreidelieferung. Der Gulden galt damals 4 Fr. 29 Ct. Calvin erzählt, dafs seine Kollegen Not gelitten hätten. Mit besonderem Behagen werden die Gaben des Rats an den scheinbar immer noch unzufriedenen Calvin aufgezählt. Sehr halb, und hin und her schwankend sind die Bemerkungen über die Ansichten Calvins von dem Cölibat der Geistlichen. „Er würde vielleicht das Cölibat auch in seiner Kirche eingeführt haben — konnte er sich auch nicht zu einer grundsätzlichen Billigung des ehelosen Lebens entschliefsen" — — etc. Calvin hat für Freunde im Amt Frauen besorgt und stand in dem Punkte ganz evangelisch.

An einer Stelle lesen wir: „Seine äufsere Erscheinung hatte etwas vornehm Aristokratisches. Er ist dem Volke stets fern geblieben und hat es nicht verstanden, in seiner Weise zu reden: nur in den höheren Kreisen fühlte er sich heimisch und diesen ausschliefslich galt sein Umgang." Und doch hat nie ein Mann eine solche Achtung gerade in den niederen Volksklassen genossen, wie Calvin, was namentlich nach seinem Tode sich zeigte. Auch sind seine Kommentare von geringen Leuten gelesen worden. Bei der Ausmalung der Grausamkeit des Strafverfahrens in Genf hat Kampschulte alles aufgeboten, um die Gräfslichkeit desselben ins Licht zu stellen, und er kann damit wohl auf Kinder unseres Jahrhunderts einen Eindruck machen, denen leibliche Schmerzen die furchtbarsten aller Qualen sind. Obwohl Calvin einmal seine Stimme gegen die übermäfsige Verlängerung der Todesqualen erhoben haben soll, wäre er doch sonst mit den schauerlichen Urteilssprüchen einverstanden gewesen, ja aus einem Briefe im März 1545 an Mykonius, indem er von den Massenhinrichtungen spreche, gehe hervor, „bis zu welchem Grade menschliches Fühlen und Erbarmen diesem strengen Geiste abhanden gekommen sei." Dies sind alles karikierte Übertreibungen und tadeln nicht Calvin, sondern ein ganzes Jahrhundert in seinem Strafverfahren.

In Genf liegt gar keine neue Kriminalgesetzgebung vor. Es herrschte in ihr als in einer kaiserlichen Stadt die Carolina vom Jahre 1532. In der Kommission von 1541 vollzog sich wesentlich nur eine Revision des vorhandenen Justizwesens. Überall hatte das Strafrecht auch einen religiösen Charakter. Selbst schon bei den alten Germanen (Tac. Germ. c. 7). In Genf sind die Verbrecher nicht schärfer aufgespürt worden als an andern Orten. Der Inquisitionsprocefs mit der peinlichen Frage war schon vorher vollständig ausgebildet gewesen. Die Anwendung der Folter ist ausführlich in der Carolina behandelt. Auch unglaubwürdige Zeugen waren nicht ausgeschlossen. Calvin hat nicht „Verbrechen ganz neuer Art" entdeckt: die Todesstrafen in Genf waren auch Todesstrafen der Carolina. Spiel und Kleiderluxus wurden auch anderswo bestraft. Auch das Vorgehen gegen die vermeintlichen Pestbereiter in den Jahren 1542—46 ist nicht auf Calvins Theorien zurückzuführen. Die Carolina kennt alle Arten der Züchtigung und der Hinrichtung; die Vergifter, und als solche galten die Pestverbreiter, wurden mit Rad oder Ertränken bestraft. Der Ehebruch unterlag peinlicher Strafe. Man hat in Genf keine neuen Marterwerkzeuge erfunden. Die harte Zeit hatte überall solche Mittel der

Grausamkeit. Das Menschenleben hatte geringen Wert. — Es ist ein gutes Zeichen für die neue Ordnung in Genf, dafs selbst in den Zeiten der Pest die Obrigkeit die öffentliche Ordnung in der Hand behielt. Calvin hat den Ernst der Obrigkeit, ihre Umsicht, ihre Verantwortung geschärft. Er trat in völlig verwilderte Verhältnisse herein. Wäre Calvin „alles menschliche Fühlen und Erbarmen abhanden gekommen," wie hätte er diese vielen Freunde haben können, wie hätte er überhaupt Reformator sein können, denn ohne Liebe ist doch jedes Werk tot.*)

Auf Seite 429 zeigt Calvin doch auch ein bedeutendes Interesse für die Arbeitslosigkeit der unteren Klassen.

Das Konsistorialgericht wird natürlich als ein durch und durch parteiisches, von vornherein befangenes und blindes dargestellt, obwohl doch dessen Strenge gegen die Reste des katholischen Götzendienstes auch nach Kampschulte sehr erklärlich ist, da noch viele Frauen namentlich den stärksten Zug zur alten Kirche hatten. Mit welchem Recht macht Kampschulte die Räte des Konsistoriums selbstverständlich zu Ungerechten?

Versteigt sich Kampschulte einmal zu einer Anerkennung, wie da, wo er von den Gebeten des Gottesdienstes redet, welche von dem Geiste tiefer Religiosität angehaucht und nicht ohne ergreifende Stellen seien, so wird doch als-

---

*) Bei einer Darstellung des Sittengerichtes in Genf sollte jeder einzelne Fall aufs sorgfältigste geprüft werden. Man häuft mit Liebhaberei die grellen Fälle zusammen und dann entstehen gräfsliche Karikaturen. Sowie der einzelne Fall in genauem Thatbestand berichtet wird, verliert er von seiner Grausigkeit, wir werden das später sehen. Ich finde unter allen Strafen nur die Enthauptung eines Kindes hart, das seine Eltern geschlagen. Man karikiert dabei: mit seinen zarten Händen. Der Fall aber müfste auch noch näher untersucht werden.

bald das Schönste als eine Nachahmung der so geschmähten Messe dargestellt. Manche Bemerkungen streifen oft an das Alberne, wie die auf Seite 459 über die gründliche Apologie, die dem „Kinde" in der letzten Katechismusantwort für das Konsistorialgericht in den Mund gelegt wird; dafs Calvin allerdings das eheliche Band als ein heiliges betrachtet habe u. s. w. Auf Seite 477 in der ersten Anmerkung finden wir eine Ahnung davon, dafs auch die Ratsprotokolle einer kleinen Kritik bedürfen.

Seite 479 lesen wir: „So verlangte es der Geist des calvinischen Systems. Herrschten auch im eigenen Hause Mangel und Not, Verwirrung und Rechtsunsicherheit: die Unterstützung und Verbreitung des wahren Glaubens blieb nichts desto weniger des Staates vornehmste Aufgabe, für die kein Opfer zu grofs schien." Liest man den dortigen ganzen Abschnitt, so empfängt man auch wieder den Eindruck von absichtlicher Verzerrung. Im letzten Kapitel des vierten Buches, wo uns die ersten Regungen der Unzufriedenheit in Genf geschildert werden, fallen noch einmal dunkle Schatten auf den Reformator. Der ehrliche Castellio wird als glaubwürdiger Zeuge gegen die Genfer Predigerschaft vorgeführt und in der boshaftesten Weise wird das Benehmen der Prediger, namentlich auch Calvins in der Pestzeit ausgenutzt.

Hier zeigt sich, dafs hinter dem scheinbar objektiven Bericht nichts als Bitterkeit und Abneigung gegen Calvin steckt. Nach einem rührenden Lobe über die aufopfernde Hingebung des katholischen Klerus in den Zeiten der Plage wirkt das charakterlose Thun der evangelischen Genfer Pastoren um so kräftiger. Es ist nicht wahr, dafs unter den Geistlichen Pierre Blanchet der einzige war, der sich bereit finden liefs, den Erkrankten den religiösen Trost zu spenden. Castellio, Blanchet und Calvin haben sich angeboten. So berichtet Beza ausdrücklich. Calvin ist allerdings mit seinen Kollegen vor dem Rat erschienen, und sie haben dort erklärt, dafs sie unter sich darüber eins geworden wären, dafs, weil der, welcher in das Pesthospital gehen solle, fest und keineswegs furchtsam sein müsse, sie einen gefunden haben, einen Franzosen, zuverlässig, und den böten sie an, wenn die Seigneur ihn angenehm finden. Die anderen sagen von sich, dafs sie in diesem Falle von ihrer amtlichen Pflicht zurücktreten. Es mag sein, dafs Calvin einen Augenblick gebangt hat, aber in dem Briefe an Vinet sagt er ausdrücklich, „wenn Blanchet etwas widerfährt, fürchte ich, dafs ich es nach ihm werde wagen müssen, da wir dies allen Gliedern schuldig sind, so dürfen wir uns denen nicht entziehen, die unserer Hilfe am meisten bedürfen! Es ist aber doch nicht mein Rat, dafs wir, um einem Teil zu helfen, die ganze Kirche zu Schaden kommen lassen. Aber so lange uns der Herr dieses Amtes würdiget, sehe ich nicht, was wir vorschützen dürften, wenn wir aus Furcht vor der Gefahr diejenigen verliefsen, die unserer Hilfe am meisten bedürfen." Auch Luther hat sich vor der Pest gefürchtet; fühlten die Reformatoren doch mehr als andere den Stachel Satans, doch aber der Herr befreite ihn von seiner Furcht. Calvins Gedanke an den Verlust der ganzen Kirche in ihm ist ein gerechter; auch der Rat sah die Sache so an, und schlofs Calvin von dem weiteren Losen aus. Beza sagt, es sei gegen Calvins Willen geschehen — warum wollen wir daran zweifeln? Es ist keine Frage, dafs dieser, hätte ihn das Los getroffen, gern oder ungern seine Pflicht gethan hätte.

„Der Verfasser der Institutio verband mit dem Mute, in die unergründlichen Tiefen des christlichen Glaubens einzudringen, nicht in gleichem Grade den Mut der werkthätigen christlichen Liebe." Das ist leere anmafsende Phrase.

Dafs Calvin den Tod nicht fürchtete, beweist seine ganze Geschichte in Genf: man wollte ihn dort in die Rhone werfen, und er legte sein Haupt zwischen die Schwerter. Es ist kein blofses Wort bei ihm, wenn er öfter sagt: ich will lieber tausend Tode sterben — —. „Er hat keinen Mut und Teilnahme für die Leiden der Unglücklichen gehabt." Was war denn sein ganzes Leben anders als ein Dienst der Liebe! Kampschulte macht aus ihm einen Spekulanten ohne Herz. Calvin hat in Basel ohne Scheu den pestkranken Neffen von Farel besucht.

Weshalb Castellio, „der ketzerische Humanist" der allein „seine Bereitwilligkeit erklärte," nicht angenommen wurde, wissen wir nicht, die Ratsprotokolle, die keineswegs alles wissen, schweigen darüber und Beza und Roset berichten, er habe sich zurückgezogen. Calvins Reise nach Metz in dieser Zeit stellt Kampschulte verdeckt als Flucht dar — wozu er keinen Grund hat. Das Benehmen seiner Kollegen war gewifs traurig, aber mit welchem Material mufste damals Calvin arbeiten! Mit Recht macht Henry darauf aufmerksam, dafs sich später ein ganz anderer Geist zeigte.

Rein in die Luft gefabelt ist es, wenn Kampschulte S. 489 sagt, in seiner hartnäckigen Liebhaberei, Calvin zu einem vornehmen Aristokraten zu machen: er fühlte sich nie heimisch in den Hütten der Armen und Bedrängten. Darum soll er auch nicht gerne in den Landgemeinden gepredigt haben: die Stadt war das geziemende Gebiet. Doch ist von Calvin die ganze berühmte Armenpflege der reformierten Kirche ausgegangen und er selbst war arm bis zuletzt. Beza sagt, er habe alle Pracht verabscheut. In der kleinen Gemeinde in Strafsburg war namentlich die Pflege der Armen seine grofse Sorge gewesen. S. 491 werden die Gesandtschaftsreisen, die Calvin unternahm, als Quellen der finanziellen Nöte der Stadt miterwähnt (der ganze Abschnitt ist wieder scharf und bitter); S. 388 hat uns Kampschulte selber gesagt, dafs Calvin diese Gesandtschaften habe übernehmen müssen. Es wimmelt von Fehlern in dem Buche, wie es immer geht, wenn der Unberufene sich an Grofses wagt. Welche Zeugen werden immer wieder gegen Calvin angeführt? Männer wie Castellio, die „die Hellsehenden und Unbefangenen" sind.

Kampschulte eignet sich von Michelet den Ausdruck an, dafs Genf „die Stadt des Geistes sei, von dem Stoicismus gegründet auf den Felsen der Prädestination." Es ist eine leere französische Phrase. Calvins Prädestinationslehre war nichts als Gehorsam gegen die Schrift. In ihr fand er dies Dogma, wie es das ganze 16. Jahrh. darin gefunden hat. Nicht ein düsterer Fatalismus eines melancholischen Geistes und kalter Intellektualismus hat sich von Genf ausgebreitet, sondern Demütigung des Menschen und Verherrlichung Gottes. Calvin hat auf Grund der Schrift für alle Wahrheit geeifert, nicht nur für die Prädestination. Welch ein Kampf für die Sakramentslehre! Man kann ihn nicht als den einseitigen Verfechter nur eines Dogmas betrachten. Sein Grundzug ist theokratisch, nicht fatalistisch. Ein Fatalist ist niemals ein solcher glühender Ermahner und Antreiber zu allem guten Werk gewesen wie Calvin. In der Praxis weifs er nichts von Theorie.

Der Verfasser hat seine Darstellung durch eine Vergleichung des vorreformatorischen Genfs und des calvinischen eingeleitet. „Die äufsere Gestalt des vorreformatorischen Genf habe auf den Beschauer einen erhebenderen Eindruck gemacht als das protestantische Rom." Das kleine Genf hat früher nie eine Weltstellung gehabt; später fand man kaum eine Strafse, in der nicht das Geburts- oder

Wohnhaus eines Mannes stand, dessen Name der Geschichte angehört, und einen europäischen Klang hat. Das Leben war einförmiger und strenger geworden als früher, aber Genfs Ruhm war in die ganze Welt ausgegangen.

Es ist ein kühnes Unternehmen, wenn Jemand, wie Kampschulte, der in keiner Weise von dem Geiste der Wahrheit berührt ist, der in Calvin lebte, sich an diesen Mann macht. Auch abgesehen davon: es fehlt ihm an gründlicher theologischer Bildung. Es sind vielfach oberflächliche Urteile, die einem begegnen. Calvin ist von der Einheit vom A. und N. Testament durchdrungen, wie dies auch der Herr war. Kampschulte scheidet zwischen den Testamenten, und dies mit den modernen Phrasen vom zürnenden und strafenden Jehovah des Alten Bundes.

Ein völliges Rätsel ist es auch, wie jemand sich sein Leben lang in eingehendster Weise mit Calvin beschäftigen kann — und bleibt ihm dabei völlig fern und fremd, gewinnt ihn nicht lieb, bewundert ihn höchstens wo es geschehen mufs, aber eiskalt. Eine Erscheinung so vielfach in unserem Jahrhundert.

Gegenstände fleifsiger liebeloser Betrachtung sind die grofsen Männer Gottes. Ich kann nur ernstlich vor Kampschulte warnen. Man prüfe sorgfältig jeden Satz bei ihm nach den Quellen. Von dem eigentlichen Calvin hat er nichts verstanden.

Von einer leuchtenden Eigenschaft Calvins hat Kampschulte keine Ahnung: ich meine seine völlige Selbstlosigkeit. Seine Freunde haben seinen Zorn und Eifer getadelt, sie haben ihm Mäfsigung empfohlen, selbst der Rat in Genf hat ihm in seine Schriften korrigiert, und ihn veranlafst, Injurien zu entfernen, aber niemand hat von denen, die ihn kannten und im Briefwechsel mit ihm standen, an seiner Selbstlosigkeit gezweifelt, an seiner aufrichtigen Sehnsucht, allein Gott zu verherrlichen, an seiner Zurückstellung aller eigenen Interessen. Ich besprach einmal mit seinem Historiker Stähelin ausführlich diesen Punkt, und wir waren ganz eins darin. Calvin hat oft auch für sich geeifert, er liefs jede öffentliche Beleidigung alsbald vor Gericht ziehen; er hat darin etwas Ähnliches mit Bismarck, der den Staatsanwalt so viel gebrauchte, dieselbe Konsequenz gegen alle Lästerer, aber nur, weil er in sich das Evangelium, in sich Gott geschändet sah, und weil die öffentliche Entehrung des Dieners und Heroldes Gottes, dem Worte schadete, was er vertrat. Er hat unsagbare Schmach über sich ergehen lassen müssen, aber wo er den Lästerer dingfest machen konnte, da that er es ohne Bedenken. Doch wie fern liegt uns das richtige Verständnis eines Mannes, der allein einen grofsen Namen kannte, den Namen Gottes, und der in Wahrheit, wie einmal ein ihm ähnlicher Geist sagte: seinen eigenen Namen aus dem Munde gespieen hatte.

Hase schreibt: „Eine vollständige Geschichte Calvins hat ein katholischer Theologe in Bonn unternommen, so gründlich und objektiv, wie sie unser einer nicht besser und unbefangener hätte schreiben können."

Es ist eine providentielle Leitung, dafs Kampschulte das Buch nicht vollenden konnte.

Hase meint: er ist zu früh der Wissenschaft entrissen worden.

Auch Schaff meint: The admirable work of Professor Kampschulte is based on a thorough mastery of the sources, but it is unfortunately incomplete and goes only so far as 1542. Ebenso urteilt Erich Marks in dem lesenswerten Buche Gaspard von Coligny 1892.

Cornelius, der die Studien von Kampschulte fortsetzt, rühmt an ihm: Weite des Horizonts und Unbefangenheit des Urteils. Kampschulte wurde Altkatholik und starb ohne das Sakrament der Kirche.

Indem wir einen solchen Biographen unseres Reformators zurückweisen, sprechen wir am Schlufs noch unser ernstes Bedauern aus, dafs man von evangelischer Seite her ein solches reiches Material in solche Hände gelegt hat, ohne Vorsicht, ohne Liebe zu seiner Kirche, zu deren Kränkung und Beschädigung die Studien gemacht worden sind. Die hie und da zu Tage tretende Unparteilichkeit ist ein leerer Schein, und die vorgegebene Objektivität will nur um so mehr das Bild eines der gewaltigsten Männer entstellen, von dem gegen alle römische und weichlich humanistische und falsch christliche Betrachtungsweise das Urteil der Strafsburger vor dem Gerichte Gottes sich bewähren wird: „Nun kommt endlich zu euch Calvin, jenes auserwählte und unvergleichliche Rüstzeug Gottes, dem unsere Zeit kaum einen Zweiten an die Seite zu stellen hat, wenn überhaupt neben ihm von einem Zweiten die Rede sein kann."

Professor Cornelius in München über Calvin.

Neben den Katholiken Kampschulte ist neuerdings der Altkatholik Cornelius, Professor in München, als Beurteiler Calvins getreten.

Es ist auffallend, dafs sich Katholiken soviel mit der Geschichte der Reformation beschäftigen. In allen Landen thun sie dies. In einer grofsen Methode wird die Geschichte des 16. Jahrhunderts bearbeitet, vielfach mit der bestimmten Absicht, ihren Glanz zu zerstören. Man kann nicht von Cornelius sagen, dafs ihn diese Absicht begleite, aber eine

Voreingenommenheit gegen Calvin blickt überall bei ihm durch. In Deutschland ruht jetzt die Arbeit über Calvin von evangelischer Seite. Allein der Lic. Lang in Halle thut etwas auf diesem Gebiete. In der letzten Zeit bemühte ich mich, einen jungen begabten Professor in Tübingen für solche Studien zu begeistern. Wir haben kein Leben Calvins, das den neusten Forschungen und dem grofsen Material entspricht. Stähelin in Basel ist über der Aufgabe gestorben. In der Armut der Gegenwart freut man sich der grofsen Vergangenheit. Das Lutherstudium blüht in Deutschland, das Calvinstudium liegt darnieder. Es ist nicht gut, dafs es in die Hände von Katholiken gefallen ist.

Cornelius hat schon früher angefangene Studien über Calvin im Jahre 1886 wieder in den Abhandlungen der historischen Klasse der k. bayr. Akademie der Wissenschaften aufgenommen.*) Er handelt hier zunächst von der Verbannung Calvins aus Genf im Jahr 1538. Aufs neue diese Sache in die Hand zu nehmen, hat ihm der grofse Schatz der Calvinischen Korrespondenz, die Auszüge von Amédée Roget aus den Genfer Ratsprotokollen, die Sammlung der Briefe von Herminjard,**) auch die Arbeit von Rilliet

---

*) Von Cornelius ist auch: Der Besuch Calvins bei der Herzogin Renata von Ferrara im Jahre 1536. Deutsche Zeitschr. für Geschichtsw. 1893.

**) Statt sich mit dem Studium der alten Patres, oder des Mittelalters oder des faden Rationalismus von Ritschl sein Leben lang abzumühen, sollte man in solchen Briefwechsel sich vertiefen, wie ihn Herminjard mitteilt. Welche Ströme von Wahrheit, die Jahrhunderte nicht gekannt haben, fliefsen dort, welch Leben der Aufrichtigkeit, der echten Freundschaftsliebe, welche überall fühlbare Leitung Gottes. Während man von der Zeit nach der Zerstörung Jerusalems das Gefühl hat: Gott ist nicht gegenwärtig in seinem Worte und Geiste, sondern es wirket nur ein Geheimnis grofser Bosheit, ist er in diesen Zeugnissen der Reformation überall thätig und wirksam.

und **Dufour** über den ersten Katechismus **Calvins** veranlafst.

Bei dieser Periode aus dem Leben des Reformators handelt es sich bekanntlich um die wichtige Frage, welche Mitschuld **Calvin** und **Farel** bei ihrer Vertreibung trifft. **Kampschulte** und **Cornelius** behaupten eine solche Schuld, und die ganze Darstellung von **Cornelius** läuft auf eine Schilderung **Calvins** hinaus, die ihn nicht in günstigem Lichte zeigt; die Reformatoren selbst, obwohl sie sich offen mancher Mifsgriffe und Unbesonnenheit anklagen, wollen doch in Genf unsträfliche Hirten gewesen sein.

Cornelius beklagt es, dafs keine gleichzeitige Erzählung vorhanden sei, aber er meint doch die Umrisse des Ereignisses mit genügender Sicherheit zu erkennen. „Ich mache den Versuch."

Man fühlt schon bei dieser Einleitung, wie schwierig es ist, über gewisse Partieen der Reformationsgeschichte zu schreiben. Es liegt das aber nicht nur in dem Mangel der Urkunden, sondern vor allem auch darin, dafs eben in der Reformationsgeschichte Gott und sein heiliger Geist in die Geschichte eingegriffen hat, und dafs er eingegriffen in die Sündhaftigkeit und Leidenschaftlichkeit der Menschen, dafs er in den tiefsten Wassern geht, in denen alles nicht nur schäumt, sondern auch alles befleckt wird, wo auch die, welche wirklich die Ehre Gottes und das Wohl der Kirche suchen, beschmutzt und besudelt werden; wo sie als Menschen und als Sünder offenbar werden. Genf war ein Kessel der Leidenschaften, die ruhigen Berner klagen über die empörerischen und aufgeregten Welschen, alles stand in der volkreichen und bewegten Stadt immer in Flammen, da sind auch die Reformatoren nicht rein herausgegangen — aber das allein entscheidende ist dies: haben **Calvin** und **Farel** bei allen Mifsgriffen doch das Wohl der Kirche gesucht, und sind ihre Gegner von selbstsüchtigen Trieben beseelt gewesen?

Eigentlich sind die modernen Gelehrten ohne Beruf, die Geschichte der Reformation zu schreiben. Denn sie wissen nur etwas von logischer Konsequenz und von moralischer Betrachtung, damit aber kommt man nicht in einer Zeit aus, wo Gott alle Logik und Moral über den Haufen wirft, und mit seinem Worte in einem grenzenlosen Wirrwarr ein Neues schafft. Es tritt ein Ferment in die Geschichte hinein, geheimnisvoll und grofs, das ist Gottes Wort, und der, auf dessen Seite Gottes Wort ist, wird gerechtfertigt aus dem Kampfe der Leidenschaften hervorgehen, er mag selbst noch so sehr sich als Mensch und Sünder gezeigt haben.

Ich wage zu sagen, das Recht war in Genf auf Seiten der Reformatoren, wenn auch ihr Eifer fast zu grofs erscheint.

Die Schilderungen von Cornelius, die unten mit den wörtlichen Auszügen aus den Urkunden begleitet sind, sind ungemein lehrreich, denn sie lassen tief in den so verhüllten Streit der Geister blicken, in die Vermengung von gut und böse, in die Schwierigkeit, ein gerechtes Urteil zu fällen.

Sie fordern auch zur Prüfung auf, ob man Geschichte schreiben soll, denn da tasten und tappen die Besten herum.

Cornelius beginnt damit, die Spaltung der Genfer Bürgerschaft in die beiden Parteien, die sich um Jean Philippe und Michel Sept sammelten, uns vorzuführen. Alte Familienfeindschaften lagen den Parteiungen zu Grunde, die kirchlichen Färbungen kamen dann hinzu. Wie auch in anderen Verhältnissen vielfach die eigentlichen Triebfedern die Eifersüchteleien der Familien sind, am meisten in kleinen Republiken und selbständigen Gemeindewesen entwickelt. Beide Parteien waren nach dem Siege über Rom evangelisch gesinnt, und der sittliche Wert war bei beiden der gleiche.

Bei der Wahl der Syndici und Räte siegte die Partei Sept. Es war im Sommer 1537.

Seit dem Beschlufs der allgemeinen Bürgerversammlung vom 21. Mai 1536 war die evangelische Kirche in Genf organisiert. Calvin trat im Juli 1536 in die dortige Thätigkeit ein. Cornelius beschreibt nun Calvin als einen jungen Mann, der, ohne das neue kirchliche Leben kennen gelernt zu haben, aus der Studierstube unmittelbar in die Gemeinde kommt, und „da verstand es sich bei ihm von selbst, dafs die Praxis der Theorie gehorchen und die Genfer Kirche sich seinem Religionshandbuch anbequemen müsse."

Aber dieser junge Mann war weit über seine Jahre hinaus reif, und sein Lehrbuch hatte schon einen Weltruf erlangt. Übrigens erzählt uns Cornelius weiter selbst, dafs Calvin im Februar 1537 noch gar nicht in die Reihe der Prädikanten eingetreten ist, er ist nur Lektor in der heil. Schrift. Freilich vollzieht er überall kirchliche Funktionen und bemüht sich namentlich für eine Kirchenordnung. Cornelius meint, die grofse Januar-Eingabe, in der zuerst von kirchlicher Disciplin und Exkommunikation die Rede ist, wäre von der Geistlichkeit „ohne Auftrag gefafst," aber von dieser mufste doch der Anstofs ausgehen, da ja nachher der Rat die Freiheit der Entscheidung hatte. Es bedarf keines Beweises, dafs die Heiligung des Abendmahles den christlichen Bann nach dem Befehl des Herrn und der Apostel verlangt — und wenn die Reformatoren darauf dringen, thun sie nur ihre Pflicht. Calvin sagt: „Welche Meinung auch andere haben mögen, wir denken unseresteils unser Amt nicht in so enge Schranken eingeschlossen, dafs, wenn einmal die Predigt zu Ende, unsere Aufgabe erfüllt wäre, und wir uns der Ruhe hingeben dürften. Wir sind eine viel unmittelbarere, viel lebendigere Sorge denen schuldig, deren Blut von uns zurückgefordert werden wird, wenn es durch unsere Nachlässigkeit verloren geht."

Calvin hat die Exkommunikation als eine ausschliefslich kirchliche Handlung gedacht. Ausschlufs aus der Gemeinschaft Christi. Er überläfst es der Obrigkeit, was sie bei fortgesetzter Verachtung des Evangeliums für Mafsregeln ergreifen wolle. Ebenso wohlthätig und zweckentsprechend ist der Vorschlag Calvins, dafs jedermann durch ein bestimmtes Bekenntnis sich für oder gegen die evangelische Lehre ausspreche. Die Artikel sind im Rate angenommen worden, Cornelius meint, ohne eine Ahnung von der Bedeutung des Gegenstandes. Blicken wir auf das Thun Calvins bis zum Januar 1537, so liegt kein Tadel gegen ihn vor. Seine Bemühungen und Pläne waren heilsame. Die Ausführung der Artikel stockt, Mitte Sommer ist noch nichts geschehen. Farel schreibt an Capito: alles geschieht langsam, um nicht zu sagen allerlangsamst. Im Juli geschieht dann eine völlige Ummodelung der Gedanken der Reformatoren, statt eine Kirchenzucht einzuführen, wird nur die Polizeigewalt ausgedehnt. Die Annahme der Bekenntnisformel wird zu einer Beschwörung derselben erhöht, was allerdings ein gewaltiger Drang auf die Gewissen war. Hier kann man wirklich mit Cornelius fragen: „Ging hier nicht der Eifer zu weit, in einer Stadt, die noch so viele zweifelhafte Elemente enthielt, geheime Katholiken und neue Anabaptisten?" Dafs in der Schwurformel die Messe eine verdammte und diabolische Ordnung des Papstes genannt wird, die die Verwaltung des h. Mahles zerstört, kann man nicht tadeln. Calvin hat sich auf die Bundschliefsungen der Könige Josias und Asa berufen, die allerdings einer solchen Eidleistung nahe kamen und mit den feierlichsten Opfern begleitet waren. „Das sind Autoritäten, die unser Verfahren von allem Tadel reinigen." Wir haben in der Geschichte der reformierten Kirche noch eine solche Bundschliefsung in dem schottischen Covenant (1638), aber da zeigt sich uns der grofse Unterschied zwischen Genf und Schottland, in Genf eine von Parteien zerrissene, noch sehr wenig befestigte Gemeinde, in Schottland eine allgemeine heilige Begeisterung. Weiter geht der Vorschlag in Genf vorwiegend von den Reformatoren aus, der Rat macht zögernd mit und die Gemeinde ist geteilt. Cornelius sagt: „Calvin hat anzuführen versäumt, warum gerade Genf allein zu einem neuen Volke Moses erkoren sein sollte und zum Lohn dafür Verwirrung und Auflehnung einernten sollte." Indessen die Zukunft hat gezeigt, dafs Genf in Wahrheit dazu bestimmt war, und dafs nur noch nicht die Zeit reif war. Der Eifer Calvins war kein falscher, aber er kam zu früh: sowohl er wie die Genfer Gemeinde sollten noch tiefe Wege der Erfahrung geführt werden. Calvin schreibt freilich: der Eifer, den Eid zu leisten, wäre ebenso grofs gewesen wie die Mühe des Rats, den Eid zu befehlen. Cornelius meint, Calvin hätte es wissen müssen, dafs das nicht ganz der Wahrheit entspräche. Aber kann anfänglich der Eifer nicht grofs gewesen sein, wenn sich denn auch zuletzt herausstellte, dafs sich viele dem Eide entzogen hätten? Calvin berichtet aus dem frischen Anfang heraus. Im November sind noch viele in der Stadt, die nicht geschworen haben, insbesondere von der rue des Allemands keiner (!). Den Widerspenstigen wird nun befohlen, die Stadt zu räumen: an dieser Mafsregel kam die Stadt in Aufruhr und es vollzog sich das Schicksal der Reformatoren. Die Regierung erlebt eine Niederlage, die Opposition kommt zum Siege. Die Klagen gegen den erzwungenen Eidschwur werden durch Äufserungen von Berner Gesandten unterstützt. Calvin und Farel bewirken in Bern ein günstiges Urteil für ihre Sache. Die Berner ermahnen die Genfer, sich nicht um so kleiner Ursachen willen zur Uneinigkeit bewegen zu lassen. Dies sprechen sie in der Gesandtschafts-Instruktion vom December aus. Die Konfession wird ausdrücklich gelobt: sie sei in Gottes Wort gegründet und der h. Schrift gemäfs gut und gerecht und der christlichen Religion in keinem Stück widrig. Cornelius sagt, dafs sie auch den Schwur billigten, wie Calvin angiebt, ist nicht wahrscheinlich. Damit schiebt er Calvin eine offenbare Lüge zu. Das soll ein unbefangener Historiker nicht thun. Es heifst in der Instruktion: Ihr sollt ihnen auch vorhalten mit guten, geschickten und tugendlichen Worten, als ihr wohl thun könnt, den Mifsverstand, dafs etliche vermeinen, in oben angeregter Konfession ständen die 10 Gebote, so sie nun die Konfession beschwören, werden sie meineidig etc., das sollt ihr ihnen ausreden und erläutern, dafs es die Meinung nicht habe etc.

Die Berner finden also nichts an dem Eide. In welchem Lichte erscheint nun Calvins Thun nach den Empfindungen der Berner? Sie betrachten es kühl und ruhig und finden nichts daran zu tadeln. Calvin und Farel geben ihre Erklärung, dafs die Berner ihren Plan als sehr gut erfunden haben, vor dem Rat ab — und doch bezweifelt Cornelius die Wahrhaftigkeit Calvins! Da greift die Tendenz hinein. Calvin in Schuld zu bringen. Und Farel steht ihm doch in der Sache zur Seite.

Am 28. December wiederholen die Berner die Erklärung, dafs die Berner Geistlichkeit einstimmig die Konfession der h. Schrift gemäfs anerkenne. Keine Spur eines Tadels des Eidschwurs. Es haben dann auch eine Anzahl Widerspenstiger den Eid geleistet. Im ersten Waffengange hatten die Reformatoren mit ihrer Partei gesiegt. Es war nur ein scheinbarer Sieg. Am kommenden Wahltage errang die Opposition die Herrschaft. Die Stellen der Syndics und der grofse und kleine Rat wurden von ihren Leuten besetzt und beeinflufst. Die Reformatoren erkannten die Stürme, die ihnen drohten. Wie ganz steht bei diesen Gefahren Grynäus in Basel auf ihrer Seite. Er sieht in den Reformatoren Diener Jesu Christi, in ihren Gegnern den Satan. In dem Briefe von Grynäus ist keine Spur zu entdecken, dafs die Gegner der Reformatoren irgend welches Recht für ihre Anklagen hätten. Wenn Calvin gegen Bullinger klagt, dafs er es noch nicht habe erreichen können, dafs die volkreiche Stadt in Pfarreien eingeteilt werde, so ist ihm doch ein billiger und selbstverständlicher Wunsch nicht gewährt worden.

Eines blickt überall aus den Äufserungen der Reformatoren hervor: ein tiefes Gefühl für „den heiligen Dienst", in dem sie stehen, für die hohe Verantwortung, die sie für die Seelen tragen. Sie wollen nicht nur Prediger, sondern auch Pastoren sein. Betrachtet man aus dieser Stimmung die Lage Genfs, so stellt man sich mit gutem Gewissen auf die Seite der Reformatoren. Der Wunsch derselben, eine allgemeine Synode zu berufen, geht nicht, wie Cornelius meint, aus einem Gefühl der Sicherheit heraus, sondern im Gegenteil aus dem Gefühl ihrer Anfechtung. Calvins Traurigkeit in dieser Zeit wird wohl gerechte Gründe gehabt haben. Der Kampf, der nun beginnt, ist nicht von den Prädikanten begonnen, sondern durch einen französischen Anschlag, der den Verdacht von Bern erregte. Welche Zustände dabei im Rat herrschten, deutet Cornelius so an: fast der ganze Rat stand im Prozefs gegen einander. Wenn bei solcher trostlosen Erscheinung Calvin auf der Kanzel sagt, die bevorstehende Ratsversammlung sei eine Teufels-Ratsversammlung, so war das gewifs ein Ausdruck des Zornes, aber es geziemt sich nicht, ein solches Wort weitgehend auszunutzen. Wie rücksichtslos man die Reformatoren behandelte, geht zur Genüge daraus hervor, dafs man bei der Verhandlung über die Berner Ceremonien sie gar nicht um

Rat fragte. Das zeigt genug, dafs der Rat den Reformatoren als entschiedener Feind gegenübersteht. Wie brutal schon das Auftreten der Gegenpartei war, beweist die Klage des Pfarrer Fabri von Thonon, dafs er in der Stadt mifshandelt worden sei. Eine wild erregte Masse, ein feindseliger Rat bestreiten Männer, die lediglich die Ehre Gottes suchen und das Wohl der Gemeinde, obwohl ihnen dabei auch einmal die Zornesader schwillt. Zu bemerken ist aber auch hier, dafs wir für jenes herausfordernde Wort Calvins lediglich auf das Ratsprotokoll angewiesen sind — und kann dies nicht von einem feindlich gesinnten Sekretär redigiert sein? Wir wissen nichts davon, in welchem Zusammenhang die Worte Calvins gesprochen sind. Briefe der Reformatoren aus diesen Tagen fehlen. Man kann nur dabei bleiben, dafs bis jetzt die Reformatoren in gutem Recht gegen ihre Feinde sind und dafs sie die Teilnahme der auswärtigen evangelischen Kreise haben.

Cornelius bespricht weiter die Beziehungen Berns zu den welschen Gebieten und den Handel über die Ceremonien. Der Streit mit Caroli über das Trinitätsdogma ist mit grofser Leidenschaftlichkeit von seiten der Genfer geführt worden. Mykonius klagt darüber an Bullinger, und Grynäus schreibt an Calvin: „Es ist geradezu eine verderbliche Pest unserer Kirche, dafs wir uns gegen einander mit Argwohn überladen und die Brüder über die Brüder selten lauter und wahr denken, da man die Sache lindern müfste und alles zum besten kehren und nicht falsch über den Bruder argwöhnen, bis es die Sache und der Ausgang selbst erzwingt." Farel und Calvin waren feurige Geister, sonst wären es keine Reformatoren gewesen und „die Deutschen fühlten sich von der Unruhe und Streitlust der Welschen abgestofsen." Die Strafsburger vermittelten zwischen den Bernern und Genfern: „sie waren geistreicher als die Berner und geneigter als sie zur richtigen Schätzung des Wertes der selbstbewufsten und empfindlichen Reformatoren französischer Zunge." Megander nennt die Genfer „fromme und sehr gelehrte Männer" und spricht sie von jedem Vorwurf der Häresie in der Trinitätslehre frei. Anders wurde es, als nach dem Sturze Meganders der „Simmenthaler Bauer" Kunz dem feingebildeten Franzosen gegenüberstand. Calvin hat Kunz nie getraut und bittere Vorwürfe auf ihn gegen Bucer gehäuft.*)

Die Verhandlungen über die Berner Ceremonien beginnen nun. Calvin hat das weise Wort ausgesprochen: „Wo man sich um Gemeinschaft und Frieden bemüht, da mufs man mehr die Einheit der Lehre und des Geistes betonen, als beschränkt auf der bis aufs Tüttelchen gleichen Ähnlichkeit der Ceremonien bestehen. Denn es ist sehr unwürdig, dafs man dort, wo der Herr die Freiheit giebt, damit man um so mehr sich erbauen könne, eine knechtische Gleichheit suche, die der Erbauung schadet." Cornelius sagt, dafs die Genfer Gemeinheit und Obrigkeit den Gegenstand ohne das Gutachten der Pastoren behandelt habe und über Herkommen, Recht und Billigkeit absichtlich dieselben gekränkt habe. Mufste das nicht aufs tiefste reizen? Schön und wahr hat Grynäus an die Genfer geschrieben: „Nicht die thörichten Urteile des Volkes, noch thörichte Furcht vor dem populären Urteil möge uns erschüttern, die wir das Licht der Welt sind und uns auch dem Geringsten, und wäre er noch so undankbar, unterwerfen können. Blickt nur auf Christum und vergesset euch selbst in der ganzen Sache." Freilich ist es leichter, solche Bitten aus der Ferne zu schreiben, als nach ihnen in der Hitze des Kampfes zu handeln. Calvin

---

*) Kirchhofer, Leben Farels, sagt von Kunz: Kunz kannte sich selbst nicht mehr, seitdem er Megander vertrieben und Luther an ihn geschrieben hatte.

hat stets von seinem Amte aufs höchste, von sich selbst aufs geringste gedacht: Verletzungen und Mifsachtungen seines Amtes waren ihm stets ernste Verbrechen.

Sehr leicht macht Cornelius aus dem Schweigen der Prädikanten gegen die Obrigkeit eine schroffe Antwort derselben, obwohl er für die Monate März und April von geschichtlichem Material verlassen ist. Die friedfertige Gesinnung der Reformatoren in dieser Zeit zeigt ihre Bemühung in Lausanne, eine günstige Abstimmung für die Berner Forderungen zu unterstützen. Indem Calvin für die Genfer Kirche die Selbständigkeit wahrte und statt eine einfache Unterwerfung unter die Obrigkeit Berns zu leisten, das Urteil einer evangelischen Synode in Zürich wünschte, hat er auch hier wieder klar und bestimmt die Freiheit der Kirche zu wahren gesucht.*)

Da für die nächsten Verhandlungen wieder die rechte Kunde fehlt, so ist es vorschnell von Cornelius geurteilt, wenn er von einem Trotze der Prädikanten redet bis zur Auflehnung — thut er dies auch nur in Weise einer Vermutung. Es blickt doch die Absicht durch, irgend welche Mitschuld auf die Prädikanten zu werfen. Als Bern die Synode bei Seite setzte, der kleine Rat in Genf die Annahme der Berner Ceremonien beschliefst und die Prädikanten zwingen will, das bevorstehende Abendmahl am Osterfeste danach zu feiern, haben diese den billigen Wunsch ausgesprochen, bis Pfingsten alles beim alten zu lassen, da bis dahin eine Synode zusammen treten könne. Mit gutem Gewissen konnten sie dabei behaupten, dafs sie nicht gegen die Einheit der Ceremonien seien und mit Unrecht wirft ihnen der Rat vor, sie sprechen darin nicht die Wahrheit, da sie

---

*) Volebamus enim, ut ordine legitimo reciperetur ab ecclesia conformitas.

durchaus nicht die Ceremonien annehmen wollten. Es war den Reformatoren um die Freiheit und Selbständigkeit der Kirche zu thun gegenüber den rein obrigkeitlichen Befehlen. Cornelius findet die Ablehnung der Bitte der Prädikanten — er möchte fast sagen — gerechtfertigt, im Gegenteil möchte ich behaupten, diese Art der Behandlung legt die Hauptschuld der Katastrophe auf den Rat. Wenn der Einfluſs der Reformatoren in Lausanne die Annahme der Ceremonien bewirkt, wenn sich der Streit mit Kunz nur über die Freiheit der Arbeit an den Festtagen bewegt — Calvin und Farel sind für diese Freiheit, so ist es eine falsche Behauptung des Rats, daſs die Prädikanten totallement nont voulu les dits ceremonies. Sie haben nicht die Ceremonien verworfen, sondern die Herrschsucht des Rats. Hatte dieser ja gleich zwei fremde Prädikanten bei der Hand, die ihm in der Sache dienen sollten. Von dem Wunsche Berns, sich mit den Reformatoren zu verständigen, hatte er keinen Gebrauch gemacht. Cornelius erlaubt sich hier wieder eine Beurteilung Calvins, für die er keine Beweise hat, die Zeugnisse sind mangelhaft und so ist es ein schiefes Licht, das verbreitet wird. Ein feindlich gesinnter Rat will verdiente Prediger rücksichtslos zwingen, da haben diese mit billigen Vorschlägen das Recht der Freiheit ihres Amtes gewahrt. So liegen einfach die Dinge. Der Rat hat Gewaltthätigkeiten nicht gescheut und hat den Prädikanten Coraud ins Gefängnis geworfen, weil er wider das Verbot die Kanzel bestiegen hat; die Gegenpartei des Rats hat darin eine Schandthat gesehen. Es ist zu den heftigsten Scenen auf dem Rathaus gekommen. Die Reformatoren haben sich entschieden geweigert, die Entfernung Corauds vom Predigtamte gutzuheiſsen und als einer ihrer Collegen Henry de la Mare schwach wird, haben sie ihn mit Exkommunikation bedroht und von seiner Unterwerfung unter den Rat abgeschreckt.

Farel und Calvin — letzterer gegen das Predigtverbot — haben am Ostersonntag auf den Kanzeln erklärt, sie würden das Abendmahl nicht austeilen. Wie sehr sie den Streit um die Berner Ceremonien nur als ein äufserliches Symptom der allgemeinen in der Stadt herrschenden Unordnung, der grofsen Verachtung und Verspottung des Wortes Gottes und des Abendmahles ansahen, haben sie in ihren Predigten hervorgehoben. Letzteres war ihnen wichtiger als der Streit um das Brot: eine gleichgültige Sache, die in der Freiheit der Kirche stehe. Die Reformatoren blicken auf eine zuchtlose, des Genusses des Abendmahles unwürdige Stadt, die in ihrem Rat die Freiheit des geistlichen Amtes mit Gewaltthat bekämpft — und da haben sie es für ihre Pflicht gehalten, gegen das Predigtverbot vor dem Volke sich zu rechtfertigen. Kann man sie darüber in einer Zeit wilder Aufregung und Verwirrung tadeln? Cornelius thut dies und wirft ihnen vor allem den Mangel jener christlichen Tugenden vor, die Grynäus von ihnen gefordert habe. Für die Reformatoren stand beides auf der Spitze der Entscheidung: das Recht des unbillig gekränkten geistlichen Amtes und die Notwendigkeit der Heiligung des Abendmahles gegenüber einer aufrührerischen und blasphemischen Stadt — und da haben sie das Gebot der Obrigkeit verletzt. Will man sie richten? Ich wage es nicht mit dem Freimut, mit dem es Cornelius thut. Ich halte seine ganze sich nun hier anschliessende Darstellung für nicht richtig. Calvin und Farel wären beim Beginn der nächsten Woche vor dem Rathause erschienen, weil sie mit einmal ein Gefühl ihrer Verantwortlichkeit überkommen habe. Woher weifs das Cornelius? Hat er Äufserungen der Reformatoren dafür? Diese sahen in der Einberufung der Zweihundert und des ganzen Volkes eine Aufregung der ganzen Stadt gegen sich und wollten sich darum verteidigen. Ist es denn zuviel gesagt, wenn sie ihre Abweisung als unmenschlich und barbarisch empfanden? Sie haben die Anklagen, mit denen man sie belastete, als unwahr vor Gott und Menschen angesehen. Ist es nicht ein brutales Verfahren, wenn die allgemeine Bürgerversammlung Farel, Calvin und Coraud gebieten, in drei Tagen die Stadt zu räumen? Nirgends läfst sich eine Spur von Empfindung nachweisen, was die Stadt mit dem Weggange der Reformatoren verliert.

„Recht so," sagte Calvin, als ihm der Ratsbote den Befehl überbrachte, „wenn wir Menschen gedient hätten, so wären wir schlecht belohnt, aber wir dienen einem grofsen Herrn, der wird uns belohnen." Einer solchen Stimmung widerspricht es nicht, dafs Farel und Calvin in Bern Hilfe suchten.

Die Berner schreiben an die Genfer: „Die Wirren in eurer Stadt und euer strenges Verfahren mifsfallen uns in einem Grade, dafs wir es kaum in Worte fassen können." In Bern ist man also erschrocken über die Mifshandlung der Prädikanten. Das Antwortschreiben der Genfer an die Berner ist kurz und wenig genügend. Sie bezichtigen Farel und Calvin der Unwahrheit und behaupten, dafs in ihrer Stadt keine grofse Unordnung herrsche. Es ist gewifs falsch, dafs die Reformatoren überhaupt nicht die Berner Ceremonien annehmen wollten; es ist nicht der Wirklichkeit entsprechend, dafs am 28. April ohne allen Fehler das Abendmahl gefeiert wurde; die Reformatoren haben ohne Frage den gottlosen und verwirrten Zustand der Stadt richtig aufgefafst. En laquelle illy assisteye ung grand nombre de gens et tous d'un bon accord. Von letzterem kann man sich eine Vorstellung machen nach dem wütenden Streit der Bürger untereinander. Das kurze Schreiben macht die Ausgetriebenen einfach zu Lügnern.

Der folgenden Darstellung von Cornelius kann ich

mich nun nirgends recht anschliefsen. Die Reformatoren erklären auf der Zürcher Synode in ihren Artikeln, dafs sie die Berner Ceremonien unter der Bedingung dem Volke empfehlen würden, dafs die früheren Ceremonien für auch schriftgemäfs angesehen würden, und dafs es sich nur um die Konformität handle wegen der Einheit der Kirche; da ist ja das Schreiben des Senates von Genf eine Unwahrheit. Für ihre Wiederherstellung verlangen sie Gelegenheit der Rechtfertigung, denn sie wollten ihr Amt nicht so wieder erlangen, als ob sie eine Abbitte für ihre Schuld geleistet hätten. Sie stehen also immer noch da ungebrochen im Gefühl ihres Rechtes. Ihre Vorschläge sind durchaus billige, und wenn sie auch die Exkommunikation fordern, so bestehen sie darin auf einer biblischen Wahrheit, und wie konnten sie das Jdeal ihrer theologischen Arbeit aufgeben, ohne das ihnen eine Kirche unmöglich erschien, und das nachher mit solchem grofsartigen Erfolge durchgeführt wurde? Dafs ein Dunkel auf den Verhandlungen der Züricher Synode schwebe, ist nicht bewiesen, denn auf das Urteil von Kunz, dafs er nichts von den Artikeln wisse, ist nichts zu geben. Der Mann redete in reiner Wut und übte den schnödesten Verrat. Der Brief von Farel und Calvin an die Zürcher Diener des Wortes vom Juni 1538 trägt durchaus den Stempel der Wahrheit. Kunz konnte in seiner Raserei*), die selbst seine Kollegen mit Handanlegung mäfsigen mufsten, alles behaupten, und wenn der gegenwärtige Ritter in den Mitteilungen über die Lausanner Synode mit Farel und Calvin völlig übereinstimmte, so wird er auch ihnen in ihren Berichten über die Zürcher Beschlüsse zugestimmt haben.

Ritter steht auf Seiten der Reformatoren; diese hatten

---

*) Noch 1550 schreibt Farel: Quoties occurrit Conzeni memoria, quam horreo illam furiam.

recht, wenn sie von Kunz schrieben, mit dem Manne ist überhaupt nichts zu machen, so weitab liegt es, dafs er sich als Christi Knecht in einer so schwierigen Sache bewiesen habe. Die Strafsburger Editoren bemerken, dafs die Zürcher keinen schlechteren Patron für die Genfer wählen konnten als Kunz, der aufs tiefste gegen Calvin erbittert war. Hätte die Synode in Zürich keinen Beschlufs gefafst, wie konnten Farel und Calvin an die Zürcher schreiben, dafs sie Kunz erwidert hätten, sie wären bereit, jede Schande auf sich zu nehmen, wenn nicht von der ganzen Synode (nisi ab universo consessu — das kann doch nur eine öffentliche Sitzung gewesen sein) alle jene Artikel anerkannt wären; Bucer habe ihre Sache geführt und den Spruch der Brüder verkündet, welcher in allen ihren Forderungen beigestimmt habe. Die Sache war Kunz unbequem und so leugnete er sie ab.*) Sehr kühl schreibt er am 22. Juni an Mykonius über Farels Tragödie, deren Wunden immer noch eitern: am besten wäre es, man versage diesen Männern alles Gehör. Die Wichtigkeit der Stellung der Reformatoren in Genf verstand er nicht. War es nicht ein gerechter Kampf, den sie für die Freiheit im Gerbrauch von Ceremonien, für die Rechte des geistlichen Amtes führten, das nicht von der Obrigkeit und einer aufgeregten Volksmenge bekämpft werden sollte? Es ist ein roher Polterer, der in Bern den Reformatoren gegenüber steht. Cornelius meint, es wäre gar nicht denkbar, dafs die Versammlung diese Artikel in ihrem ganzen Umfang gebilligt hätte, schon die Forderung der Exkommukation allein macht das unmöglich — aber er vergifst, dafs diese

---

*) Der Rat von Bern sagt ja ausdrücklich in der Instruktion an Huber und Amman: Ihr Erasmus wisset wohl, warum Farell und Calvin begehren, dafs ihr mitgeschickt werdet, nemlich anzuzeigen, was von Zürich des Handels halben geredet worden. Calvin: quae Tiguri magno omnium consensu nobis concessa fuerant.

Forderung ein Gemeingut aller reformierten Kirchen ist, und dafs Bucer als der Vater der reformierten Kirchendisciplin angesehen wird. Er hat keinen Grund, den Beschlufs der Synode anzufechten: derselbe ist ein allgemeiner gewesen — ob öffentlich oder privatim ist dabei von geringem Werte. Wenn die Synode die Artikel anerkannte, so unterstützte sie wesentlich die Genfer Prädikanten, und hat allerdings ein Urteil über den Streit abgegeben. Ganz schief ist, was Cornelius behauptet: Nur eins (?!) war ihr klar, dafs die beiden Männer Fehler begangen hatten, und zwar, wie sie meinte, durch Übermafs des Eifers und ungebührliche Strenge. Da wird ohne allen Grund der Synode eine Wendung gegen die Genfer angehängt. Bullinger schreibt an Herrn von Wattenwyl: Ich bitte dich von Herzen, dieser beiden heiligen Männer Gottes, Calvin und Farel dich anzunehmen. Sie haben einen allzugrofsen Eifer. Aber es sind heilige und gelehrte Männer, denen man sehr viel nachsehen mufs. Das Protokoll der Zürcher Synode sagt, dafs man mit den Genfern ernstlich habe reden lassen, sich in etlicher ungeschickter Schärfe zu mäfsigen, und sich bei diesem noch nicht aufgebauten Volke christlicher Sanftmütigkeit zu befleifsigen.

Das konnte man wohl den feurigen Geistern sagen, und es lag gewiss eine Wahrheit darin, aber der allzugrofse Eifer, von dem Bullinger redet, ist doch die Quelle gewesen, die zuletzt Genf reinigte, und aus der sich der ganze Calvinismus mit seiner Weltbedeutung emporgerungen hat. Und wie gering sind etwaige Mifsgriffe der Reformatoren im Vergleich mit der That der böswilligen Obrigkeit und der fanatischen Volksmenge, welche beide am liebsten die grofsen Männer in die Rhone werfen wollten, die doch nach einem aufrichtigen Zeugnifs bereit waren, lieber bis zu den äufsersten Zugeständnissen herabzusteigen als hartnäckig das Friedenswerk zu hindern.

Man kann nirgends bei Cornelius den Eindruck loswerden, dafs er von einer Voreingenommenheit gegen Farel und Calvin ausgeht. Wer will die Genfer Prädikanten tadeln, dafs sie wichtige Bestimmungen in ihren Artikeln nicht fallen liefsen? Sahen sie doch allein mit der Durchführung derselben eine geordnete und gesegnete Thätigkeit in Genf möglich. Cornelius giebt S. 772 einen Bericht in seiner Weise über die Verhandlungen in Genf, als die Prädikanten vor den Thoren der Stadt harreten, und vor allem begehrten, für sich und für ihre Artikel Gehör und Rechtfertigung zu finden. Ich halte es für gut, aus dem Briefe von Farel und Calvin an Bullinger mitzuteilen. Man hat hier ein lebhaftes Bild, das uns ganz der Wahrheit zu entsprechen scheint.

„In der Volksversammlung haben mit grofsem Ernste Ludwig Amman, einer von den Bernischen Gesandten, und Viret, der in seinem und dem Namen von Erasmus Ritter redete, die Sache behandelt, so dafs die Geister der Menge sich zur Billigkeit zu neigen schienen — als mit einmal nachdem jene sich entfernt hatten, einer von den Präsidenten des Senats unsere Artikel zu verlesen anfing — und zwar mit grofser Mifsgunst und unter dem Beifall von einigen. Das trug dazu bei, die Glieder der Menge zu entflammen. Drei Hauptstücke hatten sie, die sie zur Erregung des Hasses ausnutzten: wir hätten die Genfer Gemeinde die unsrige genannt; wir hätten ohne Ehrbezeugung die Berner in ihrem Namen appelliert; es sei die Exkommunikation erwähnt. Siehe, so sprachen sie, die Kirche nennen sie die ihrige, als ob sie schon in den Besitz derselben gekommen wären. Siehe, wie sie die Tyrannei anstreben. Was ist denn die Exkommunikation anders als eine tyrannische Herrschaft. Ihr seht wie frivol und thöricht diese Verleumdungen sind, denn die Exkommunikation hatten sie schon längst angenommen, deren

Namen sie so verabscheuten. Sie gebrauchten aber diese
Peitschen, um die Geister der Menge in Wut zu bringen.
Sie beschlossen, eher zu sterben, als dafs wir zur Rechtfertigung
gehört würden. Die Artikel hatten allerdings die
Gesandten mitgebracht, aber mit dem Auftrage, dafs sie
nicht eher vor dem Volke verlesen würden, als bis wir selbst
anwesend seien, die wir bereit waren, jedes Bedenken zu
beseitigen. Aber anders hatte es unser Kunz beschlossen.
Denn heimlich steckte er die Artikel durch den vortrefflichen
Verräter Peter Vandelius (factionis anticalvinianae antesignanus.
Anm. der Strafsb. Editoren) unter, das sind keine
dunklen Schlüsse. Die Treulosigkeit ist hier mit Händen zu
greifen, denn er allein besafs mit Sebastian die Abschriften,
und Vandel hat bei vielen unterwegs ausgeplaudert, dafs
er für uns ein tödliches Gift bei sich trage. Von welcher
Gesinnung er (nämlich Kunz) gegen uns war, konnte er
nicht verheimlichen, denn in der Zusammenkunft der Brüder
zu Nidau hat er gesagt: „Der Senat träumt, dafs ich nach
Genf gehe, und jene Ausgestofsenen (so nennt er uns schimpflich)
wiederherstelle, denn lieber möchte ich mein Amt niederlegen
und aus dem Vaterlande weichen, als dafs ich jenen
hülfe, von denen ich unmenschlich behandelt worden bin."
Das ist also die treue Zusage, die er euch und der Kirche
Christi feierlich gegeben hat, und die zu täuschen ihr dem
Kunz meintet die Gelegenheit entzogen zu haben. Jetzt
nun lehrt euch die Erfahrung, dafs es keine leere Furcht
war, die uns bei euch beseelte, und die uns nur mit Widerstreben
dahinbrachte, dies Labyrinth aufs neue zu betreten.
Wir haben jetzt die Sache vollbracht. Eurer und aller Frommen
Urteil haben wir genuggethan, freilich ohne Erfolg, wenn
nicht gar zwei- und dreifach das alte Übel schrecklicher
wieder aufgebrochen ist. Wenn schon bei unserer Vertreibung
der Satan in Genf und Frankreich zügellos triumphierte,

so ist ihm und seinen Gliedern doch jetzt aus unserer neuen Abweisung keine geringe Vermessenheit erwachsen. Es ist unglaublich, wie frech und unverschämt in aller Art von Verbrechen die Gottlosen in Genf ausschweifen, wie anmafsend sie die Knechte Christi verhöhnen, wie wild sie das Evangelium verspotten, wie ganz toll sie sind, ein Elend, das um so bitterer ist, weil die Disciplin, die dort neulich in kleinem Mafse auftauchte, die schärfsten Feinde unseres Glaubens zwang, Gott die Ehre zu geben, und nun diese frech ausgeübten Verbrechen nach der Berühmtheit des Ortes zur gröfsten Schande des Evangeliums allzu offenbar werden. Wehe jenem, durch den ein solches Ärgernis erregt ist. Wehe jenen, die zu einem solchen verbrecherischen Rate zusammen wirkten. Der gute Teil wollte uns unversehrt wissen, weil er aber seine Wünsche nicht durchsetzen konnte, ohne die Wahrheit auszulöschen, glaubt er mit solchem Preise nur einer verkehrten Begierde zu dienen. Kunz, weil er uns nicht ohne den Ruin der Kirche stürzen konnte, hat nicht gezögert, jene mit uns hinabzuziehen; er scheint uns niedergeworfen zu haben, aber wir stehen fest im Herrn, ja, wir werden besser dastehen, wenn er selbst mit dem ganzen Haufen der Gottlosen dahinfallen wird."

In dem Abschiede von Zürich, in dem Begleitschreiben von Genf ist die Rede von dem grofsen Ärgernis, das durch die Austreibung der Prädikanten dem Evangelium bereitet würde, die Prädikanten selbst empfinden dies am tiefsten, aber in der Bürgerversammlung hat die Majorität dafür kein Verständnis: niedrige Eifersucht und wilde Leidenschaft regiert sie. Kein Gefühl ist vorhanden, was sie in diesen Männern Gottes, heilig und gelehrt, verlieren.

Cornelius schliefst seine Darstellung mit der Bemerkung: die Geschichte der Entzweiung mit der Mehrheit der Genfer Bürgerschaft erzeugt einen für Calvin ungünstigen

Eindruck. Er hat dafür den Beweis nicht geliefert. Wenn er von der Jugend des Mannes als Entschuldigungsgrund redet, so war der 27 jährige reifer, als viele seiner berühmtesten Zeitgenossen. Auf seiner Seite war das Evangelium, ein heiliger Eifer für Gott, ein tiefes Verständnis für die Freiheit des geistlichen Amtes, und ein ungemeiner Scharfblick in die Parteigetriebe der zerrissenen Stadt — was hatten seine Gegner auf ihrer Seite als die freche Auflehnung gegen die heilsame Zucht und die Herrschaft des Wortes Gottes, und vielleicht einige zornige Worte der Reformatoren. Von den Urteilen der Freunde Calvins über die Angelegenheit kommt allein die Bemerkung von Louis du Tillet in Betracht, der dem Freunde vorhält, „dafs wir Fehler, die wir begehen, und zwar sehr grofse und schwere, nicht verstehen, und dafs unserem Urteil als das beste und denkbar sicherste erscheint, was doch ganz und gar der Wahrheit Gottes und dem Urteil seines Geistes widerspricht."

Selbstprüfung ist überall gut, und Calvin und Farel sind davon entfernt, sich völlig rein hinzustellen, denn der Gerechte sündigt auch da, wo er Gutes thut, aber im Hinblick auf das grofse und ganze hat Calvin vollkommen recht, wenn er behauptet: Libenter ergo apud Deum et pios omnes fatebor, dignam fuisse nostram tum incitiam tum incuriam, quae tali exemplo castigaretur; culpa nostra corruisse miseram illam ecclesiam nunquam sum concessurus. Longe enim aliter sumus nobis conscii in Dei conspectu. Neque enim quisquam hominum est, qui nobis ullam culpae portiunculam transcribere queat.

Hat ihn nicht die Folgezeit glänzend gerechtfertigt? Im Anfang dieses Jahrhunderts hat Melchior Kirchhofer, Pfarrer zu Stein am Rhein, ein Leben Farels nach den Quellen geschrieben. Er führt auch die Selbstkritik der Prädikanten an. dafs sie etlicher Dinge halber vielleicht zu streng gewesen seien, aber er steht sonst ganz auf Seiten der Männer, von denen Calvin sagt: Incredibile vobis futurum scio, si minimam partem vobis referam molestiarum vel potius miseriarum, quae toto anno devorandae nobis fuerant. „Sie waren besorgter für die Kirche als für sich selbst." Darin liegt ihre Rechtfertigung.

Cornelius beschreibt in einem zweiten Aufsatze vom Jahre 1889 die Rückkehr Calvins nach Genf. Er schliefst sich hier vor allem an Herminjards sorgfältige Sammlung der Korrespondenz der Reformatoren französischer Zunge an.

Die Vertriebenen sind in Bern angekommen, und reisen von dort ab, als ihr Empfang von dem Rat auf den folgenden Tag verschoben wird. Sie glaubten, ihre Pflicht gethan zu haben, und wollten auch den Aufforderungen, in Bern zu bleiben, sobald wie möglich aus dem Wege gehen — ob sie damit ihre Aufregung und Erbitterung offenbaren, ruht auf einem Schlusse von Cornelius.

Calvin und Farel haben ihre Nachfolger als Eindringlinge bezeichnet: sie wären die eigentlichen Hirten. Wenn andere an ihre Stelle traten, so konnten sie dies doch nur mit ernstem Protest gegen die schmachvolle Austreibung ihrer Vorgänger thun, und in tiefem Schamgefühl, dafs sie solche Männer ersetzen sollten; sie kamen auf jeden Fall in eine unreine und unheimliche Stellung hinein — aber dafs sie das empfunden hätten, davon verlautet nichts. Mögen die Schilderungen seiner Nachfolger von Calvin übertrieben sein, auch Bucer hört nichts Gutes von ihnen aus Genf. „Wie kann es euren Nachfolgern erträglich sein, dass die Hirten der Herde des Herrn von der Herde mit solcher Bosheit und Rücksichtslosigkeit vertrieben worden sind — sie müssen es entweder nicht verstehen, was es heifst, ein Hirte der Herde des Herrn zu sein, oder einen ganz von Christo abgewandten Sinn haben." Wie aus dem Briefe Bucers an Calvin herausgelesen werden kann, dafs er in vorsichtiger Weise Calvin andeute, dafs man auch ein anderes Urteil als er über die neuen Prädikanten haben könne, ist nicht einzusehen. Dafs die Berner in Genf alles in Ordnung fanden und dies hartnäckig behaupteten, ist bei der Stellung, die Kunz einnahm, begreiflich. Farel hat sich dann soweit beruhigt, dafs er eine Stelle in Neuenburg annimmt. Tief safs bei Calvin die geschlagene Wunde. „Nach jenem Unglück erschien mir mein Amt unglücklich und verhängnisvoll, und ich hatte fest bei mir beschlossen, keinen kirchlichen Dienst wieder zu übernehmen, wenn mich nicht der Herr mit klarer Stimme selbst herbeihole, das ist, wenn es mit solcher Notwendigkeit geschehe, dafs ich nicht widerstehen könnte. Meine Hartnäckigkeit suchten die Strafsburger mit vielen Mitteln zu brechen. Beim ersten Anfall erreichten sie nichts. Aber als sie sahen, dafs sie mit vielen Beweisen nichts fertig brachten, so drohten sie zuletzt, dafs ich nicht mehr mit meinem Widerstreben Gottes Hand entfliehen könne, als wie Jonas einst entfloh."

Was kann mehr den Ernst und die Aufrichtigkeit Calvins eröffnen, als dieses energische Zögern, wieder ein Amt anzutreten. Weder in Genf noch in Strafsburg ist er auf eigenen Wunsch in das verantwortungsvolle Amt getreten. Der grofse Eiferer ist an Wendepunkten seines Lebens ein vorsichtiger Zögerer gewesen.

Für die Nachfolger Calvins hat Cornelius die gute Erwartung, dafs es ihnen gelungen wäre, einen ähnlichen kirchlichen Zustand herbeizuführen, „wie er in den evangelischen Städten der Eidgenossenschaft herrschte, die in ihren Kirchen von Calvinischen oder ähnlichen Ideen und Bestrebungen nichts wufsten." Was zunächst letzteres betrifft, so sind in allen reformierten Kirchen Bemühungen gewesen, eine Kirchenzucht einzuführen, bald mit mehr, bald mit weniger

Erfolg. In den Prädikanten soll nicht der Mangel gewesen sein, in Genf Ordnung zu schaffen, sondern die Opposition der übrig gebliebenen Partei der Vertriebenen, die sich um das Kollegium sammelte, wäre die Hinderung gewesen. Es ist nicht denkbar, dafs alles, was die Reformatoren über ihre Nachfolger sagen, Übertreibung und Anschwärzung ist. Sollte Farel, der eine unzüchtige That von Jean Morand erzählt, dieselbe nur auf Klatsch angenommen haben? Morand hat allerdings ein bestimmtes Lob von seiten des Rats von Neuenburg, und gerne geben wir zu, dafs die Vertriebenen ihre Nachfolger leicht in zu dunklem Lichte betrachten konnten.

Es ist ein lehrreiches Bild, das Cornelius von den sich bekämpfenden Parteien in Genf giebt, wie auch die Frauen in den Streit eingreifen, obwohl es viel zu hart erscheint, wenn zwei Freunde der Reformatoren, der eine, weil er sich Notizen in der Predigt machte, der andere, weil er nach der Predigt den Prediger freundschaftlich besuchte, und weil beide den Abendmahlsfeiern fern geblieben waren, kurzerhand aus der Stadt gewiesen wurden. Wenn der Prädikant Bernard dabei die Hand an einen jungen Mann legt und ihn droht, zum Fenster hinauszuwerfen, so sieht man, wie hoch die Leidenschaften gingen.

Das Schreiben Calvins an seine Brüder in Genf, zu dem er sich endlich entschliefst (am 1. Okt. 1538), zeigt den Ernst und die Wahrheit des Mannes. Er schont auch die Freunde nicht, er spricht offen von seiner eigenen Unwissenheit, Unbesonnenheit und anderen Schwächen, aber er beharrt auch dabei, pflichtgemäfs und treu sein Amt verwaltet zu haben. „Der Herr wird unsere Gerechtigkeit leuchten lassen wie die Sonne." Ich verstehe es nicht recht, wie man gegenüber den klaren und ernsten Worten Calvins noch an Calvin mängeln kann; es ist keine Frage, dafs die neuen Prädikanten von sehr zweifelhaftem Charakter auf dem schlüpfrigsten Boden standen, und wahrhaft grofse und eifrige Männer ersetzen sollten. In den folgenden Vermittlungsversuchen, die sich um die Person des Rektor Saunier bewegen, der den Prädikanten in Genf zur Ausgleichung mit den Freunden Calvins an die Seite gestellt werden sollte, ist weniger der Argwohn Calvins gegen Saunier zu betonen, was Cornelius wieder mit einer tadelnden Bemerkung thut, als seine richtige und mafsvolle Stellung darin, dafs er unbedingt die Abendmahlsgemeinschaft mit seinen Nachfolgern aufrecht erhalten wissen will. In dieser Sache war ich mit Capito ganz einverstanden. Die Summa war diese: „So grofs mufs unter Christen der Hafs eines Schisma sein, dafs sie es um alles meiden; so grofs mufs die Verehrung des Amtes und der Sakramente sein, dafs man, wo sie sind, auch die Kirche erblickt. Weil es daher durch die Zulassung des Herrn geschieht, dafs durch jene, sie mögen nun sein wie sie wollen, die Kirche verwaltet wird, so mufs man sich, da die Zeichen der Kirche dort gesehen werden, nicht von ihrer Gemeinschaft trennen."

Es steht dem auch nicht entgegen, dafs dort einige unreine Lehren vorgetragen werden, denn es giebt fast keine Kirche, die nicht irgend welche Reste der Unwissenheit behalten habe. „Uns genügt es, wenn die Lehre, auf welche die Kirche Christi gegründet wird, den Platz behauptet. Auch hält es uns nicht auf, dafs für einen gesetzmäfsigen Pastor nicht der gehalten werden kann, der an die Stelle des wahren Dieners nicht nur betrüglich sich eingeschlichen hat, sondern sogar boshaft eingebrochen ist. Keiner der Privaten soll sich indessen in diese Zweifel verwickeln, sie mögen mit der Kirche an den Sakramenten teilnehmen, und durch die Hände jener sie sich austeilen lassen."

Dies sind weise Worte, und zeigen, wie weit Calvin

gehen konnte, um eine Trennung zu verhüten, auch da, wo er persönlich aufs tiefste gekränkt war. Das eifrige und vielleicht nicht ehrgeizlose Verlangen des Saunier, in Genf ein geistliches Amt zu bekleiden, haben die Strafsburger ebenso verurteilt, wie Calvin. Dieser konnte den wütenden Kampf der Parteien nicht stillen, und auf beiden Seiten, bei den Freunden und Feinden Calvins regierten die Leidenschaften. Der scharfe Tadel seiner Nachfolger hat bei diesen die heftigste Polemik gegen Calvin hervorgerufen. Sie haben alle die, die den Eid geleistet haben, Verräter Gottes genannt. Die Gegner Calvins sind zu den gröfsten Gehässigkeiten fortgeschritten, und haben selbst Saunier die Teilnahme am Abendmahl unmöglich gemacht. Dieses geschah so weihelos, dafs die Stelle in der Liturgie von der notwendigen Selbstprüfung der Teilnehmer absichtlich weggelassen wurde. Wer selbst in aufgeregten Gemeinden gelebt hat, kann dieses furchtbare Parteitreiben ein wenig begreifen, er versteht es aber auch, wie Calvin seine Nachfolger sowohl in der Art, wie sie in ihr Amt gekommen waren, als wie sie dasselbe führten, sehr gering schätzen mufste — und er hat dies mit der rücksichtslosen Offenheit ausgesprochen, die damals überall herrschte, und Eigentümlichkeit aller Kämpfenden, vor allem der grofsen Geister war. Seine Nachfolger waren schliefslich so ermüdet, dafs sie ihr Amt niederlegen wollten. Die Vertreibung der Reformatoren hatte keinen anderen Erfolg gehabt, als dafs die Stadt mit Gewaltthat, Tumult und Totschlag erfüllt war. Welchen Charakter mufsten dabei die vom Rat erzwungenen allgemeinen Abendmahlsfeiern haben! Calvin und Farel hatten doch rühmen können, dafs unter ihrer Leitung einige Anfänge christlicher Zucht sich gezeigt hätten.

Es thut wohl, wenn Cornelius in den folgenden Schilderungen der Verhandlungen mit Bern und Kunz „die Selbstlosigkeit und den evangelischen Eifer" **Farels** anerkennt. Ich finde die Weise, wie **Farel** mit dem früher so gehafsten **Kunz** verkehrt, grofsartig und edel. Er legt die ganze Konkordie in seine Hände. „Gestürzt werde der Triumph und Ruhm des Satans in Verwirrung und Schande, die Freude der Seinen in Traurigkeit und stete Trauer. Es herrsche, es regiere immer Christi Geist in uns allen! Die beklagenswerte Trauer über die Ruinen und die Zerstreuung vergehe und verderbe, es folge und halte an die wahre Freude des Friedens, der Einheit, der Einigung, der Liebe, der Erbauung." Bei den Friedensverhandlungen mit den Genfer Prädikanten hat **Calvin** gegen den zuviel fordernden **Farel** das weise Wort gesprochen: „Man kann," schrieb er ihm, „einen mittleren Weg einschlagen, so dafs unser Walten im Amte zu Ehren gebracht und daneben die zu Grunde gerichtete Kirche wieder geheilt werde; man kann die Anstöfse zwischen den Brüdern heben und doch die bösen Dinge, die es nicht not thut von neuem anzuregen, mit Stillschweigen übergehen und beseitigen." War in diesen Augenblicken banger Sorge um die evangelische Herde in Genf es nicht unmöglich, dafs die Prädikanten **Marcourt** und **Bernard** auf die katholische Seite herüber gezogen wurden, so sieht man wieder, wessen diese Nachfolger **Calvins** fähig waren. Wenn in der Urkunde, die zwischen den Prädikanten in Genf und der Versammlung in Morges aufgesetzt wird, der Genfer Obrigkeit das Recht zuerkannt wird, die Prädikanten wegzuschicken, „wie der Herr seinen Knecht fortschickt, wenn er ihm nicht mehr gefällt," so ist und bleibt das eine sehr brutale Auffassung von dem Wert des geistlichen Amtes, und wenn man anerkennt, dafs die Reformatoren pflichttreue Hirten gewesen wären, so ist das „nicht wenig zu ihrer Ehre gesagt," sondern wiederholt dasselbe, was diese immer von sich behauptet hatten. Die Genfer Prädikanten beklagen es, dafs sie nicht vor ihrem Eintritt ins Amt mit Farel und Calvin Rücksprache gehabt haben und wollen jede Polemik gegen ihre Vorgänger aufgeben. Der Satz: „Fürs erste bekennen die lieben Genfer Brüder, dafs sie besser gethan haben würden, vor dem Antritt ihres Amtes an der Genfer Kirche eine Anzahl gelehrter Männer zu Rat zu ziehen, insbesondere Farel, Johann Calvin und Coraud, unsere lieben Brüder, welche pflichttreue Hirten daselbst waren und den Zustand der genannten Kirche besser kannten." Cornelius findet den Satz undeutlich, er sagt aber nach meiner Auffassung klar genug, dafs die Nachfolger der Reformatoren leichtfertig und schnell in Verhältnisse hinein traten, die sie nicht kannten und das Urteil von Berufenen verachteten.

Sie werden nicht Eindringlinge gescholten, aber ihr unbesonnenes Handeln wird bestimmt getadelt und als solches auch von ihnen selbst anerkannt. Darin lag wenigstens einige Genugthuung für die Reformatoren und der von Calvin empfohlene mittlere Weg war eingeschlagen. Was Cornelius S. 427 zur etwaigen Rechtfertigung der Genfer Prädikanten anführt, ist schief und unwahr; den grofsen Mifserfolg, den sie in der Stadt gehabt, hatten sie vielfach ihrem unbesonnenen, vordrängerischen Handeln zuzuschreiben. Die Reformatoren konnten zufrieden sein, dafs sie als fidi pastores anerkannt waren — und wenn solche die Obrigkeit rücksichtslos ausstiefs, so frevelte sie gegen Gott und Menschen.

Farel ist darauf ohne Groll in Genf gewesen und hat das Friedenswerk gefördert.

Cornelius teilt uns das erhabene und grofsartige Schreiben Calvins an die Brüder in Genf mit, die sich noch immer nicht dem geistlichen Ministerium unterwerfen wollten — und es berührt dann geradezu schmerzlich, wenn er nach dieser apostolischen Sprache sagt: es ist auffallend, dafs in diesem Schreiben jede Spur von der Wandlung verwischt ist, die Calvin selbst durchlebt hat; hätten die Reformatoren 1538 in diesem Geiste geredet und gearbeitet, so wäre der Stadt wahrscheinlich der Sturm erspart geblieben, dessen Folgen zu beschwören ihre geistliche Beredsamkeit sich jetzt bemüht. Cornelius bleibt also bei seiner Anschauung, dafs die Reformatoren eine grofse Mitschuld bei den Genfer Wirren tragen.

Zunächst ist es nicht richtig, dafs die Vergangenheit in Calvins Gedächtnis ausgelöscht ist, sie klingt genugsam durch in den Worten: Wenn ihr auch an der Art ihres Eintrittes in das Amt gerechten Anstofs nehmen konntet . . . Er bleibt dabei, dafs sein Weggehen und der damit verknüpfte Umschwung dem Einwirken des Teufels zuzuschreiben sei und dafs darum alles, was damit zusammenhänge, mit gutem Grund Verdacht erwecken könne . . .

Was er hier milder und vorsichtiger ausdrückt, hat er früher gleich nach dem frischen Schmerz kräftiger und herausfordernder gegeben. Im Dec. 1538 hatte er indessen schon ein Friedenswort an die Seinen gerichtet.

Es ist Cornelius nicht gelungen, einen Tadel auf die Reformatoren zu werfen, diese haben „geredet und gearbeitet" als fidi pastores.

Wer war doch dieser „junge Mann," den die Genfer ausgestofsen hatten? Cornelius stellt ihn selbst vor uns hin, wenn er die Schrift Calvins gegen Sadolet bespricht, die 1539 erschien: „Die Fülle der theologischen Kenntnisse, die Tiefe und Höhe der Anschauung, die Begeisterung für sein Ideal werden hier Kräfte und Mittel in der Hand eines rüstigen Kämpfers, der auf alles achtet, keinen Fehler des Gegners unbemerkt läfst, der nicht nach Künsten der Rede sucht, nicht schmeichelt oder überredet, sondern inhaltreich und scharf, erregt und doch im Gleichgewicht mit einer männlichen Beredsamkeit den Leser fesselt und den Gegner entwaffnet." Einen solchen Mann hatten die Genfer verloren. Sie haben es doch gefühlt. In einer Abhandlung vom Jahre 1891 giebt uns Cornelius eine Schilderung der Partei der Artichauds in Genf. Es geschieht dies in der vortrefflichsten Weise und ohne unseren Widerspruch hervorzurufen. Im Februar 1539 stand die Partei der Gegner Calvins auf ihrer Höhe: sie hatte über alle Opposition triumphiert. Zu den Ratsprotokollen treten für das Jahr 1540 gereimte Episteln eines Gesinnungsgenossen von Farel. Der Sturm gegen die Artichauds, der in diesem Jahre losbricht, bringt den Justizmord von Johan Philippe, dem eifrigen Gegner Calvins. Wie er einst gegen das Recht Calvin vertrieb, ist er selbst rechtlos umgekommen. Es ist nicht ohne Wahrheit, wenn der Dichter des Sommers sagt: Nicht durch den Willen des Machthabers ist er zum Tode gebracht worden. Die grofsen Herrn und Freunde draufsen wie die Freunde drinnen hätten ihn gerne geschont. Aber Gott der Herr, der gern alles anders lenkt als der Mensch denkt, hat ihnen allen den Mund geschlossen.

Que cery fust de Dieu et non point de l'homme.

Der wilde Akt der Hinrichtung stimmt mit dem ganzen würdelosen Vollzug des Urteils: in Grauen und Schrecken ging der Generalkapitain unter. Nach seinem Tode verliefsen viele Ratsgenossen die Stadt und die Anhänger Calvins kommen zur Herrschaft.

Dafs unter solchen Stürmen die Nachfolger Calvins in ihrer Schwäche offenbar werden mufsten, läfst sich ahnen: sie wären ihres Lebens nicht sicher, so klagen sie. Morand verläfst die Stadt: er hatte laut über die Undankbarkeit des Volkes geklagt.

„Die Ohnmacht der Geistlichkeit, die an die Stelle der Vertriebenen getreten war, wird offenbar." Ich glaube nicht, dafs Farel und Calvin, wenn sie von den unerkannten Sünden Genfs reden, vorzugsweise an ihre Austreibung denken, wie dies Cornelius deutet. „Wo die Sünden nicht erkannt werden und nicht mifsfallen, Gott nicht angerufen wird, da weifs ich nicht, was man hoffen soll." So Farel. Und wenn Calvin von einer fatalis morbus redet, an der die Stadt leidet, so denkt er an viel anderes, als nur an seine Vertreibung. Was war die Stadt damals als ein Heer von Leidenschaft und Blasphemie, über das man künstlich und gemacht einen Friedensbogen der Versöhnung spannte! Der gleichzeitige Beobachter denkt allerdings mehr an die Vertriebenen als diese an sich selbst: „Sie sorgen um den Krieg, der ihnen von Bern droht; sie klagen um den Verlust von S. Viktor und den Kapitelslanden und sie vermögen nicht zur Einsicht zu gelangen, dafs Gott all dies um ihrer Undankbarkeit willen zuläfst. Christus hatte ihnen die Fülle seiner Wohlthaten verliehen, sie aus den Händen Satans gerettet, indem er ihnen aus seinen Heiligen die rechten Führer erwählte, und sie haben dieselben verbannt ohne sie zu hören. O unerhört, dafs unter Christen geschehen, was nicht einmal die Juden den Aposteln gethan haben." Als der andere Prädikant Morand die Stadt verläfst, hat er die Stadt an die Vertriebenen, als die rechten Hirten und Helfer in der Not verwiesen. Bei den Bemühungen um die Zurückberufung Calvins zeigt sich Farel im edelsten Lichte, bewundernswert darin, dafs er seine Beseitigung in der Angelegenheit ganz verschmerzt. Er erscheint als der wahre Hirte der Genfer Gemeinde in der tiefen Inbrunst, die ihm eigen war. Nur eines bewegt ihn: Calvin mufs nach Genf zurückkehren. Cornelius erzählt nun das anhaltende Zögern Calvins, dem es vor

Genf graute, obwohl er jetzt mit so gröfserem Ansehen zurückkehren konnte und nachdrücklicher seines Amtes walten. Wir blicken tief in das Herz dessen, der dasselbe dem Herrn zum Opfer bringen wollte. Von einem fleischlichen Triumph, dafs man sich vor ihm, dem schmachvoll Vertriebenen beuge, ist nichts zu bemerken. Es ist keine Frage, dafs Calvin nach seiner menschlichen Empfindung Genf am liebsten fern geblieben wäre. Die Heftigkeit Farels hat ihn bezwungen, wie einst früher. „Wartest du ab, dafs die Steine anfangen nach dir zu rufen?"

Als sich Calvin entschlofs nach Genf zu gehen, hatte seine Hauptaufgabe, die Einführung einer Kirchenordnung und kirchlichen Sittenzucht die volle Zustimmung seiner Kollegen in Strafsburg, die hierin also nicht specifisch calvinische Ideen sahen, sondern die einfache Forderung jedes reformierten Bekenntnisses und Gemeindewesens. War es ja auch Calvin in Strafsburg gelungen, die kleine französische Gemeinde so zu verfassen, wie er es für Genf wünschte.

Blicken wir von der ehrenvollen Rückkehr Calvins, der damals das Lob der ganzen evangelischen Welt hatte und den die Strafsburger Editoren den antesignanus omnium theologorum nennen, auf die Geschichte seiner Austreibung zurück, so erscheint sowohl das Unrecht, das man ihm gethan, als die göttliche Sühne, die demselben zu teil wurde, in dem Lichte einer ergreifenden providentiellen Führung, bei der die Mifsgriffe, die er selbst gemacht, völlig verschwinden. Er, der Vertriebene war durch Gottes Rat zum grofsen Hirten und Arzt der todkranken Stadt bestimmt. Farel konnte sagen: Grande est opus Dei hoc. Der Senat erklärte Calvin, Farel und Saunier pour gens de bien et de Dieu.

Cornelius kommt im Jahre 1892 zu einer sehr bedeutenden und wertvollen Forschung und Darstellung; sie betrifft die Geschichte der Gründung der Calvinischen Kirchenordnung in Genf 1541; ein Werk, das Calvin nur mit unendlicher Mühe erreicht hat. Wenn Cornelius früher gesagt hatte, dafs die übrigen evangelischen Städte von den calvinischen Ideen und Bestrebungen nichts gewufst hätten, so giebt er jetzt S. 23 ff. seine Selbstwiderlegung. Auch die Exkommunikation ist allgemeine reformierte Forderung und Bucer hat in Ulm ein ganz ähnliches Kollegium christlicher Zucht eingeführt, wie es Calvin in Genf beabsichtigte. Wir können Cornelius nicht beistimmen, wenn er meint, Calvin hätte es besser getroffen, wenn er dem Rat geraten hätte, sich an die evangelischen Obrigkeiten zu wenden und von ihrem Gutachten die Entscheidung abhängig zu machen, als wenn er die Bedenken desselben mit einem Urteil der deutschen Kirchen beseitigen wollte. Calvin hätte ja seinen eigenen Grundsatz gebrochen, dafs in kirchlichen Dingen immer nur die Kirchen urteilen sollten. Die Vermutung, welche Cornelius hieran knüpft, dafs die Kirchenhäupter in allen diesen Fragen der Disciplin nicht ganz mit Calvin übereinstimmten, ist eben nur eine Vermutung. Ich kann in der Kirchenverfassung Ulms von 1531 unter Bucers Einflufs entstanden, nichts anderes finden, als was Calvin in Genf wollte; in beiden Städten wird zuletzt die Sache der Disciplin an den Rat gebracht, der allein über die Strafe verfügt. Auch wenn Calvin von einer Jurisdiktion des geistlichen Rates der Zucht redet, hat er doch niemals der Obrigkeit das Recht nehmen oder verkürzen wollen, allein die zeitlichen Strafen für öffentliche Übertretungen, von Häresie an bis zum Ehebruch und Diebstahl zu fällen, wenn auch zuvor die Übelthäter vor dem geistlichen Gericht gestanden hatten. Es ist wohl zu beachten, dafs der Paragraph über die Sittenzucht ohne Schmälerung vom Rat angenommen ist. Der Zusatz, den man in dem Entwurfe macht: Wir haben angeordnet, dafs die Prädikanten auf keine Jurisdiktion Anspruch zu machen haben, sondern allein die Betreffenden zu verhören und die erwähnten Zurechtweisungen auszusprechen haben und auf ihren Bericht werden wir das Urteil fällen können nach dem Bedürfnis des Falles," so ist derselbe ganz sachgemäfs. Calvin hat nie ein anderes Recht der Zucht der Kirche anerkannt, als ein geistliches, zu dem auch die Exkommunikation gehört, denn das ist eine Strafe der Gemeinde, nicht des Staates; einen Dieb oder frechen Rebellen zu bestrafen, aufser mit Ermahnungen und Ausschlufs vom Abendmahl ist ihm nicht in den Sinn gekommen. Der Zusatz widerspricht nicht den Festsetzungen über die Sittenzucht. Der Ausschlufs vom Abendmahl ist durchaus keine weltliche Jurisdiktion. Calvin bestimmt später den Gegensatz vollkommen klar: Atque ita distincta est ratio, ut penes consistorium jus excommunicandi maneat, vos autem imperio coerceatis rebelles, ubi ita visum fuerit. Der Rat hat mit dem kirchlichen Bann gar nichts zu thun.

Bei der dritten Redaktion des Entwurfes fällt es auf, dafs das Ehegericht ganz auf das Sittenzucht-Konsistorium übertragen wird — damit verstärkte ja der Rat die kirchliche Autorität um ein bedeutendes. Richtig gewahrt ist der Unterschied zwischen geistlichem und weltlichem Gericht in den Bestimmungen über die Strafe der Verbrechen der Geistlichkeit. In § 4 ist aufs deutlichste die geistliche und bürgerliche Gewalt geschieden. Die Änderungen, die der Grofse Rat an der Kirchenordnung traf, sind ohne Bedeutung. Ein Syndikus sollte als Vorsitzender im Konsistorium wirken. Am 20. November 1541 nahm die Gemeinheit die Kirchenordnung ohne Widerspruch an.

Cornelius bringt zum Schlufs noch Bemerkungen über Faktoren und Charakter der Kirchenverfassung. Zunächst sagt er: Die Kirchenordnung ging aus dem Zusammenwirken

Calvins und der Obrigkeit hervor, ohne Teilnahme der Bürgerschaft. Sie ist aber doch der letzteren vorgelegt worden und ohne Widerspruch von ihr angenommen.

Die Bemerkung, dafs die Kirchenordnung der Kirche einen ungewöhnlichen Grad von Unabhängigkeit und Stärke verleihe hat zweifelhaften Wert; Calvin hat auf die doppelt gröfsere Zahl der Laienmitglieder aus dem kleineren und dem gröfseren Senat hingewiesen.

„Die Kirchenordnung legt dem Volk von Genf ein ungewöhnliches und schweres Joch auf. Sie überschreitet das Mass des Erlaubten." Dieses Urteil empfängt sein eigentümliches Licht durch den Zusatz: „die Unterwerfung eines freien Volkes unter solche Einrichtungen erscheint uns so auffallend, dafs wir die Müdigkeit und Abspannung der Genfer nach den vorausgegangenen wilden Ausschreitungen der Demokratie zur Erklärung gebrauchen müssen." Da wäre Calvin wie Augustus nach den Bürgerkriegen gekommen. Aber hat sich später das Volk ermüdet gezeigt?

Sowohl die Kirchenordnung als die Unterwerfung unter dieselbe konnte nur in einer Zeit geschehen, in der die Furcht vor Gott und seinem Worte eine lebendigere und tiefere war als jetzt. Sie steht allerdings als etwas seltsam Grofses vor unsern Augen.

Dr. E. Stähelin über Calvin.

Johannes Calvin. Leben und ausgewählte Schriften. Von Dr. E. Stähelin. 1863.

Stähelins Arbeit über Calvin ist das beste, was wir bis jetzt über Calvin haben. Eine ausgezeichnete Leistung. Schade ist, dafs der Verfasser über der Bearbeitung der zweiten Auflage gestorben ist. Stähelin hebt es in der Vorrede hervor, dafs er die feste Absicht gehabt habe, mit Kritik an das Leben Calvins heranzutreten, er wäre aber immer mehr von dem Manne beschämt worden. Das Buch ist darum auch zum gröfsten Teil eine gerechte Apologie Calvins, vortrefflich geschrieben, in lichter Ordnung des grofsen Stoffes, wert, von jedem Theologen gelesen zu werden. Als junger Pastor vor 32 Jahren las ich es mit tiefer Ergriffenheit: es hat in der letzten Zeit denselben Eindruck auf mich gemacht.

Ein wichtiger Punkt ist es, in dem ich mit Stähelin nicht übereinstimmen kann: es ist der sogenannte alttestamentliche Charakter Calvins. Es tritt uns hier die ganze Verworrenheit der modernen Theologie entgegen. Nach dem Urteil des Rats besafs Calvin einen Charakter von grofser Majestät, den Gott ihm eingeprägt habe. „Majestätisch" soll nun Gott vorwiegend nach seiner Offenbarung im Alten Bunde sein, während im Neuen Bunde Gottes wirkliches Wesen offenbart werde. Calvins Beruf in einer Stadt, die er zur Burg des Glaubens habe aufbauen wollen, währe mehr nach der alttestamentlichen Seite gerichtet gewesen, darin habe seine Stärke, aber auch seine Schwäche gelegen.

Das specifisch Christliche und Evangelische wäre bei ihm unverkennbar zurückgetreten. Er hätte sich darum auch mehr mit Mose und David getröstet als mit Paulus. Hierin mische sich Wahrheit und Irrtum und eine wohlfeile Kritik so leicht. Diesen falschen Behauptungen fügt sich dann das Wort von Henry an: „Ein neues Sinai hatte die Welt nötig, als wiederum ein neues Lebensprincip in der Menschheit sich entfalten sollte, und die Erde sich bewegte. Da hat der Herr einen zweiten Moses gesendet, einen zweiten Elias im Feuereifer, aber zugleich durchleuchtet und ausgerüstet mit dem erhabenen Geiste eines Apostels Paulus." „Über dem alttestamentlichen Propheten, über dem schwertumgürteten Streiter der Ehre Gottes, fehlt in Calvins Gesinnung und Wandel doch auch (!) der Jünger Jesu Christi nicht." So ist der ganze Abschnitt S. 372 ff. II. Bd. voller Widerspruch.

Die moderne Theologie weifs nicht, was alttestamentlich und neutestamentlich ist; Calvin glaubte an die Einheit des heil. Geistes in beiden Testamenten, und darnach lebte er auch, und das drückte Gott in ihm ab. Wäre bei ihm das spezifisch Christliche und Evangelische zurückgetreten, so wäre er niemals Reformator gewesen. Er fand aber die freie Gnade ebenso bei Mose wie bei Paulus, und mit vollem Recht, denn mit mosaischen Aussprüchen arbeitet der letztere, Röm. 9 ff.

Paulus hat ebenso gegen die Irrlehrer geeifert wie Calvin, und wenn der Herr Jakobus und Johannes Donnerskinder nennt, so giebt er ihnen den Geist des Elias, der sich auch genugsam im Jakobusbrief und in der durch und durch alttestamentlichen Offenbarung enthüllt.

Es ist keine Frage, dafs Paulus in einer Stadt, deren Obrigkeit nach dem Evangelium regiert sein wollte, ebenso wie Calvin die Gesetze zum Schutz des Evangeliums angerufen hätte. Es ist nach ihm die besondere Aufgabe der Obrigkeit, ja ihre erste, dafs wir in Gottesscheu leben. Er hatte es aber immer mit heidnischen Obrigkeiten zu thun.

Wie Calvin stand auch er für alle Fragen der Pflicht der Obrigkeit auf alttestamentlichen Boden. In allen Aposteln lebt die Anerkennung der ewigen Gültigkeit des Gesetzes Mosis. Auch Götzendienst ist nach Röm. 1, 32 des Todes würdig. Die Gerechtigkeit des mosaischen Strafgesetzes erkennt der Hebräerbrief ausdrücklich an. c. 2, 3. Calvin war nicht allein Prediger, sondern, wie man gesagt hat, Ordner und Bildner einer Stadt, und da ist ihm das Gesetz Moses von unendlicher Bedeutung. Gott handelt nicht ungerecht, wenn er Abgöttische und Lästerer mit dem Tode bestraft haben will. „Die Freiheit der Gewissen ist ein teuflisches Lehrstück," sagt Beza, und Mose betrachtet die Sache ebenso. Das stille sanfte Säuseln ist in der Weise, wie man es versteht, dem N. Testamente nirgends eigen. Johannes, der sogenannte Apostel der Liebe ist von schneidigem Ernst.

Das Evangelium Johannis hat darin, wie Jesus die, die nicht aus Gott sind, von sich und allem Heile aufs bestimmteste ausschliefst, etwas Furchtbares. Er hat nur Hoffnung für die Schafe Jesu: die Welt kann den Geist Gottes nicht empfangen.

Man mufs das Verständnis der Eigentümlichkeit Calvins vom alttestamentlichen Gesichtspunkt aus aufgeben, denn man kommt nur in Verwirrung hinein. Die ganze Schrift ist ihm der Wille Gottes, dem man sich zu unterwerfen hat.

Ganz etwas anderes ist es, individuelle Unterschiede zwischen der Vortragsweise des Evangeliums hervorzuheben, und so bei Calvin die schneidige Schärfe und bei Vinet die innige Milde zu finden. Aber solche Unterschiede haben mit Unterschieden zwischen alttestamentlichem und neutestamentlichem nichts zu thun. Es sind rein persönliche Wandlungen ohne besonderen Wert.

Falsch ist es auch, sein Auftreten gegen die Irrlehrer aus Nachwirkungen der mittelalterlichen römischen Praxis zu erklären, und es gleichsam Rom in die Schuhe zu schieben: Calvin selbst beruft sich auf Moses in seiner Verteidigung des Servet-Handels.

Nicht aus der Zeit und menschlichen Traditionen, wie weit hat er die auf allen Gebieten, auch auf dem der Astrologie geschlagen, sondern aus völliger Abhängigkeit von der Schrift ist Calvin zu erklären.

Stähelin meinte, dafs die Strafsburger Ausgabe der Werke Calvins keinen Zug seines Bildes wesentlich anders erscheinen lassen werde, soviel sie auch Bereicherung des Stoffes bringen werde: das ist richtig, Stähelins Auffassung behauptet sich auch hier, und wird nur gekräftigt, aber sonst ist doch sehr vieles in ein schärferes und besseres Licht gesetzt worden.

Stähelin führt am Schlufs seiner Arbeit ein Urteil von Gaufrès aus dem Bulletin der Geschichte des französischen Protestantismus an, das uns die ganze Verworrenheit der modernen Theologie zeigt: „Calvin war ein Kind seiner Zeit, das sich von den Irrtümern und Leidenschaften des Mittelalters noch nicht völlig frei machen, das Evangelium noch nicht in seiner ganzen Einfalt erfassen konnte. Denn weder hatte die Kritik die Geister schon genügend geschärft, noch die christliche Innerlichkeit die Seele genügend gereinigt. Calvin begriff nicht, dafs Christi Reich nicht von dieser Welt ist; er machte aus dem Christentum noch eine vom Himmel gefallene Dogmatik und bestimmt ausgeprägte Lehrordnung. Das war sein Unglück, und zwar ein Unglück, das ihm teilweise angerechnet werden mufs. — Sein Gewissen schwieg über Handlungen, die wir heutzutage verbrecherisch nennen würden." Das ist Unsinn. Nachher sagt derselbe, dafs Calvin den grausamen Eifer eines Elias, und die demütige Liebe eines Johannes verbunden habe. Der moderne Pietismus versteht nichts von Elias und nichts von

Johannes. „Den Sohn Gottes ausgenommen hat nie ein Mensch die reine und allseitige Wahrheit der Welt dargeboten." Auch die Apostel nicht, von denen der Herr sagt: wer euch höret, der höret mich? So tappt man in lauter Halbheit herum: das Kennzeichen unseres ganzen Jahrhunderts.*)

Hase über Calvin.

Hase in den akademischen Vorlesungen über Johannes Calvin. 3. Teil. I. Abt. § 207.

Ein nur ästhetischer Rationalismus kann Calvin nicht verstehen. Er wird manche feine Bemerkung machen, aber das eigentliche Wesen des Reformators bleibt ihm verschlossen.

*) Die kirchliche Gegenwart der Schweiz ist eine völlig andere als wie sie im 16. und 17. Jahrh. war. Als der Zürcher Furrer auf der letzten Predigerversammlung in St. Gallen das Resultat der kirchlichen Entwicklung zog, klagte er mit Recht die Reformer an, obgleich selbst lange ein Reformer, dafs sie nur „Schützenpfarrer", gewesen wären, und das Volk um die heiligsten Güter des Glaubens betrogen hätten, aber auch der Pietismus hätte keinen gesunden Einflufs auf das Volk gehabt. Es ist das Rabenlied, nachdem alles zur Wüste geworden ist. Ganz entsprechend dem gemeinsamen Essen, das nachher Gottlose und Fromme halten. Die Theologie der Erweckung in der Schweiz ist nicht zu der Wahrheit der alten Bekenner zurückgekehrt, die es in einer Anzahl gehabt hat, wie kaum ein anderes Land der Welt. Man kann es bei den besten Namen nachweisen, dafs sie in lauter Halbheiten stecken geblieben sind. Es war nicht der alte heilige Calvinismus mit dem hohen Stempel der Verwerfung von seiten der Welt. Wo dieser Calvinismus in der Schweiz in der Gegenwart auftauchte, da schalt

Unter den Bearbeitungen des Lebens von Calvin ist, wie wir eben sahen, die wertvollste die von Stähelin. Hase hat sie nicht erwähnt. Auch Bungener (deutsche Ausgabe 1863) hat manche feine und gute Bemerkung, oft mit einem treffenden Satze eine Situation bezeichnend, obwohl es sonst eine leichte Arbeit ist.

man ihn „Kohlbrüggianismus", verstand ihn nicht und verwarf ihn. Noch vor seinem Tode hat Pfarrer Bula in Blumenstein in einem Vortrage in Bern es ausgesprochen, dafs die biblische Wahrheit gerade in den gläubigen Kreisen befehdet werde. Man besitzt nicht die Grundwahrheiten der Schrift und der Reformation. Darum verfällt man auch immermehr der Kritik und Haltlosigkeit. Oettli und Orelli sind somit der Kritik gefolgt, dafs sie für das Deuteronomium einen Gewaltigen erträumt haben, der von Gott legitimiert war, die zweite Bundesurkunde in der Wüste Moab zu verfassen, und der uns doch nur einen Wahrscheinlichkeitsbericht gegeben hat, dabei namenlos in seiner gesetzgeberischen Höhe vielleicht vor Hiskia lebend oder nach einem anderen Schweizer Theologen Schlatter zur Zeit Salomos. Man weifs nicht wann, und statt sich dem Zeugnis des Pentateuch und der ganzen Bibel zu unterwerfen, tappt man lieber im Nebel einer ungläubigen Kritik herum. Schlatter ist so keck in seiner Einleitung, auch in der zweiten Auflage zu schreiben, dafs mit „dem Ort, den der Herr euer Gott aus allen Stämmen erwählen wird," offenbar Jerusalem gemeint sei: eine grobe Fälschung. Mose kennt den Ort nicht. Treten dann Männer wie Rupprecht und der Schreiber dieses auf, und verwerfen solche kritischen Thorheiten, so sind es „unzulängliche Repristinationen im Pamphletenstil" und „Dilettantismus". Man selbst steht natürlich mit seiner Verworrenheit und Verachtung des Zeugnisses des Herrn auf der Höhe der Wissenschaft und theologischen Bildung. Man mufs sich aber vor Worten nicht fürchten, und die grofsen Gelehrten fragen, welchen Einflufs sie auf das Leben ihres Volkes gehabt haben. Die Theologie der Erweckung war eine Täuschung. Die reformierte Kirche der Schweiz mit geheiligter Arbeit aufgebaut und von Gott in den Himmel gehoben mit Segnungen für alle Welt, die aus diesem grofsartigen refugium veritatis hervorbrechen, ist in den Abgrund grauenvoller Verödung gestürzt — und alttestamentliche Kritik wird sie aus demselben nicht herausholen.

Hase fühlt nicht, wie Calvin Kampschulte ein völliges Rätsel geblieben ist. „Calvin ist ein dogmatischer Dante: dieselbe grauenvolle Lust die Majestät Gottes auch in der Hölle anzuerkennen und zu preisen, diese grauenvolle Macht, welche fühlende Wesen geschaffen hat zu ewiger Qual." Der Vergleich ist unglücklich. Von grauenvoller Lust ist bei Calvin nicht die Rede: er hat sich lediglich dem Worte Gottes unterworfen; es war Gehorsam gegen die Schrift, und er konnte die Freiheit und Unabhängigkeit der Gnade nur auf dem Grunde der Prädestination behaupten. Jede Ausmalung der Höllenqualen liegt ihm fern, er hat selbst gezittert vor dem furchtbaren Geheimnis des unabänderlichen Ratschlusses Gottes. — Die Abendmahlslehre Calvins erscheint nicht so „unklar" und „schwankend", wie Hase meint. Calvin hat sie zunächst in unveränderlicher Konsequenz wie sein ganzes Lehrsystem festgehalten; sie mufs also dem klaren Geiste zuverlässig genug gewesen sein. Indem er auf der Wirklichkeit der Himmelfahrt Christi besteht, und doch einen Genufs seines Leibes und Blutes im Abendmahle wahren will, kommt er richtig auf die Vermittlung zwischen Himmel und Erde, die allein der heil. Geist bereitet. Wie dieser uns aus der Fülle Christi mitteilt, die Gläubigen mit Christo verbindet, so giebt er uns auch im Abendmahl die Gemeinschaft mit dem Leibe und Blute Christi, denn er versetzt uns durch Wort und Sakrament in die Gemeinschaft des ganzen Christus, der sein Fleisch für das Leben der Welt gegeben hat, und mit diesem Fleische die Seinigen speist. Eine Gemeinschaft mit einem, der die Erde verlassen hat, ist nur möglich durch den Geist, dieser Geist aber teilt den ganzen Christus aus mit allen seinen Gütern.*)

---

*) Gut Schaff: When Calvin requires the communicant to ascend to heaven to fud on Christ there, he does, of course, not mean a locomotion, but that devotional sursum corda of the ancient liturgies,

Der Gläubige empfängt wirklich Fleisch und Blut Christi im Abendmahle. Es ist wichtiger, sagt Calvin öfter, dafs der Geist des Herrn gegenwärtig ist, als sein Körper. Jede himmlische Mitteilung ist ein Geheimnis, aber theologisch klar ist es völlig, wenn Calvin die Gemeinschaft mit Christo vor allem auf die Gemeinschaft mit dem Geiste gründet. Der Geist trägt die Kräfte und Substanzen des Leibes Christi zu den Gläubigen. So wiederholt auch der Heidelberger Katechismus die Lehre Calvins. Hase meint: Calvin war ohne Luthers Genialität — aber genial war er durch und durch von wunderbarer Begabung, nur alles nicht in der titanenhaften, poetisch grofsen Weise von Luther, sondern überall im Ebenmafs der Klarheit, Schärfe und strahlender Schneidigkeit, gegenüber der Breite und Wortfülle Luthers mit Neigung zur Kürze und Präcision. Nie hat es einen so spiegelhellen Geist wie Calvin gegeben. Als er zum Gerippe in den Kämpfen seines Lebens verdorrt war, leuchteten immer noch seine wunderbaren mächtigen Augen.

„Sein Leben, ein strenger unabänderlicher Gedanke, mit voller Thatkraft ihn durchzuführen." Wenn es an einem Menschen offenbar geworden ist, dafs er ein Geschöpf Jesu Christi war, so an Calvin. Von Hause aus schüchtern und zaghaft, am liebsten der gelehrten Einsamkeit ergeben, wird er in den Kampf des leidenschaftlichen und wütenden Genfs hineingezwungen, und hier in einer Weise in den Glutofen der Trübsal von den Hämmern Gottes bearbeitet, dafs, wäre nicht der allmächtige Geist der Gnade in ihm gewesen, er verschmachtet wäre. Es ist keine Phrase bei ihm, wenn er in dem furchtbaren Kampfjahre von 1553 versichert, dafs er den Herrn gebeten habe, ihn von der Erde wegzunehmen.

---

which is necessary in every act of worship and is effected by the power of the holy Spirit.

An den Reformatoren soll man lernen, nicht, dafs der eine genial, und der andere der konsequente Gedanke war, sondern dafs in schwachen, immer aufs höchste angefochtenen Menschen Gott gegen den Anlauf einer ganzen Welt eine Kraft und eine Beharrung geblieben ist. Luther führt es einmal so schön in der Auslegung von Ps. 110 aus, dafs Gott ein elendes Erdenwürmchen nehme, und dasselbe allen Geistern der Hölle unüberwindlich mache. Das ist die richtige Charakterisierung der Reformatoren. Die Erhaltung der kleinen Insel Genf im Sturm der feindlichen Nachbarn, auch des eifersüchtigen Berns, im Sturm der eigenen blutigen Bürgerzwistigkeiten, unter einer Lehre, die völlig den Menschen demütigte und wegwarf, und die mit souveräner Wucht vorgetragen wurde, ist ein Wunder Gottes und ein Wunder der Weltgeschichte.

Calvin hat Vorlesungen gehalten, die alle Welt bewegten — und zugleich tobte draufsen vor dem Lehrsaale ein wilder Haufe von frechen Spöttern. Er selbst mit allen Krankheiten geschlagen, verzehrt von heiligem Eifer wird lediglich als ein Werkzeug der Wahrheit, durch den Geist des Herrn erhalten. Man möchte sagen: aus einem völligen Nichts heraus, nach menschlicher Ansicht, erweckt Christus viele Völker.

Hase erzählt: „Die von ihm ausgehende geistliche Polizei in Genf verbot, unanständige Lieder zu singen, abends nach 9 Uhr auszugehen, verbot alle weltliche Lustbarkeit, auch das Tanzen, selbst Romane lesen. So stellte sich das Extrem dem vorgefundenen Extrem zügelloser Sitte*) entgegen. Nicht

---

*) La France protestante bemerkt: diese Ordonanzen, die die Galle von Audin erregen, waren keine neue Sache in Genf. Seit 1484 verbot man die Tänze mit öffentlichem Ausruf. Ähnliche Verbote 1487, 1492, 1516. Den 2. Juni 1534 hatte man schon die malhonnetten Tänze der Frauen von Mulard, de la Füsterie, de Saint Gervais verboten. Hazard-

nur die Libertins, auch andere erhoben sich doch gegen ein solches Joch. Nach einer stürmischen Volksbewegung wurde ein neuer Rat gewählt, den Calvin in einer Predigt für eine Versammlung des Teufels erklärte. Am Osterfeste erklärten Calvin und Farel, sie würden überhaupt in Genf das Abendmahl nicht mehr austeilen, um das göttliche Geheimnis in dieser entsittlichten Stadt nicht zu entweihen. Die notwendige Folge war ihre Entsetzung und Ausweisung." Diese ganze Darstellung ist schief. Die Reformatoren erscheinen als solche, die wesentlich ihre Austreibung mit veranlafst haben. Ich habe bei meinem Studium Calvins immer die Erfahrung gemacht, dafs man am besten thut, und am sichersten geführt wird, wenn man in Beurteilung der Ereignisse dem Urteil Calvins sich anschliefst. Er übersah alle seine Zeitgenossen; auch da, wo er von Argwohn und Zorn beeinflufst wird — und wenn einer sich in seinen Leidenschaften kannte, so Calvin: welch ein tiefes Sündengefühl lebt in ihm — so ist er doch von einem merkwürdigen Scharfblick begleitet, und ahnt Dinge, die für andere noch nicht am Horizonte erschienen waren. Der Historiker mufs vor allem Calvin glauben in seinem Urteil.

Farel und Calvin haben unbeweglich behauptet, dafs sie ihre Pflicht in Genf gethan hätten; an Louis du Tilliet, den später abtrünnigen Jugendfreund, schreibt Calvin noch nach dem Tode seines Mitarbeiters Couraud, dafs derselbe jetzt schon habe Rechenschaft vor Gottes Richterstuhl über sein Thun in Genf geben können. Fehler haben sie gewifs gemacht, aber welche Bedeutung haben dieselben im Vergleich mit dem Licht und Leben, was sie brachten. Es war eine rohe Gewaltthat, die sie ausstiefs. — Die Disciplin, die Hase

---

spiel 1503, 1506, 1510, 1514 verboten. Nach der Vertreibung der Reformatoren kam es sogar vor, dafs Personen nackend in der Stadt herumliefen beim Schall von Pfeifen und Trommeln.

natürlich nach dem Geschmack eines zuchtlosen Jahrhunderts als ein Extrem auffafst, war in den Augen Calvins selbst nur eine mediocris, und fing an, die Stadt aus ihrem Sumpf zu heben. Den Gesang frivoler Lieder, nächtliches Ausschweifen, wollüstige Tänze, unzüchtige Romane zu verbieten, war Wohlthat und Gerechtigkeit. Über den Verlauf der Vorgänge haben wir schon gesprochen.

Wenn Calvin sich natura timido, molli et pusillo animo bekennt, so steckt darin „nicht etwas Selbsttäuschung", er hat das öfter von sich gesagt, und kannte sich selbst; auch war die über solche Schwäche siegende Macht nicht „Natur". Er selbst erwartete alles von der allmächtigen Gnade seines Gottes, den er mit vielen Gebeten um Kraft anrief. Dies sagt er selbst vor jener erschütternden Abendmahlsfeier, zu der die Libertiner nicht wagten heranzutreten. Man soll solche Männer nicht nach ihrem Charakter, sondern nach den Wirkungen eines anderen Geistes beurteilen. Sie waren Geschöpfe Gottes. Daher kann man sie auch nicht recht verstehen. Für jeden Vorwurf, den man ihnen macht, für jede falsche Charakterisierung läfst sich gleich ein anderer Zug auffinden, der die Reformatoren in einer ganz anderen Beleuchtung zeigt. Man kann sie in keine Schablone schlagen. Jede einseitige Beurteilung Calvins erhält alsbald ihre Korrektur. Es ist dies auch bei Luther der Fall. Der Historiker mufs darum mit der gröfsten Vorsicht verfahren. Man schildert Calvin vielfach als einen rücksichtslosen Lykurg, aber mit welcher Zartheit, Inbrunst und demütigen Liebe weifs er zu den angefochtenen Märtyrern zu reden, mit welcher Hochachtung zu den Grofsen der Erde, mit welcher Hingabe zu den Freunden — er ein wirklicher unermüdlicher Freund, ein Virtuos in der Freundschaft. Es hat nie einen selbstloseren Menschen als Calvin gegeben; die Ehre Gottes, der Dienst der Brüder, die eigene Selbstverleugnung war ihm alles. Wir finden in ihm dieselben Gegensätze, wie in den Propheten und Aposteln. Männer der eisernen Konsequenz sind sie doch wieder zarten und blutenden Herzens, voll Eifer nur für die Wahrheit, nie gegen dieselbe, eigentlich unverständlich für eine nur vernünftelnde Betrachtung.

Hase entwirft in folgendem ein Bild der schneidigen Kirchenzucht in Genf. So etwas wirkt natürlich immer erschreckend auf ein Geschlecht, das aufserhalb des Schattens jeder Kirche lebt, und in Weichlichkeit und „grausamer Menschlichkeit" einherwandelt. Unser Jahrhundert ist ja das Jahrhundert völliger Straflosigkeit, namentlich was die hohen Rechte Gottes betrifft. Dafs Gott ein Recht und eine Ehre habe, davon weifs diese letzte Zeit garnichts mehr.

Calvin aber stand ganz auf dem Glauben der Göttlichkeit des Gesetzes Moses und befindet sich damit in voller Übereinstimmung mit der Strenge Jesu, der schon den, der seinem Bruder zürnet, dem Gericht überliefert, den, der Racha sagt, dem Rate, und den, der da sagt: du Narr, dem höllischen Feuer; der auch den, der Vater und Mutter flucht, für des Todes würdig erklärt und der seine verzehrenden Fluchworte über die Irrlehrer ausschüttet. Mit welcher „Härte" mufs der die Pflicht der Obrigkeit auf Erden angesehen haben, der so oft mit dem höllischen Feuer droht, der den Feigenbaum bis in die Wurzeln verdorren läfst und mit der Geifsel den Tempel reinigt.*)

---

*) Über das Verhältnis von Kirche und Staat herrscht nirgends die notwendige Klarheit, wie man dies neuerdings fühlte bei den Auseinandersetzungen von Professor Lemme bei den Verhandlungen der Ev. Allianz in Berlin, der keine rechte Antwort auf die Frage eines Holländers geben konnte, warum denn Servet verbrannt wäre. Hat der Staat als moralische Ordnung ein moralisches Interesse, giebt es aber keine Moral ohne Religion, ist die wahre und einzige Religion aber die der heiligen Schrift, so mufs der Staat alles thun, um diese

Calvin ist in Übereinstimmung mit dem ganzen Altertum, vor allem auch mit der Gesetzgebung seiner eigenen Zeit, die überall Häresie und Lästerung aufs schärfste bestrafte und auch wir in unserer Laxheit haben uns von diesen Verpflichtungen nicht ganz losmachen können. Die Geschichte von Ameaux, wie sie Hase erzählt,

---

Religion zu schützen, zu kräftigen und zu fördern. Der neutrale Staat ist eine tote Abstraktion der modernen Lehren; ist der Staat nicht protestantisch gesinnt, so ist er liberal, radikal, atheistisch, jüdisch oder römisch gesinnt kommt entweder unter die verwüstenden Ideen des Liberalismus oder unter die ebenso schädlichen des Ultramontanismus und des Judentums. Allen religiösen Ideen Freiheit des öffentlichen Gottesdienstes zu gewähren, untergräbt zuletzt den Staat selbst, der zuletzt den mächtigeren unter diesen Ideen zum Opfer fällt. Der von der Reformation auf evangelische Grundlage gestellte preufsische Staat steht jetzt unter dem Einflufs des Ultramontanismus und des Judentums, während dabei der Kaiser, weil er eben evangelisch ist, immer noch ein bedeutendes Gewicht in die protestantische Wagschale wirft. In Holland verficht die Konfessionelle Vereinigung in der reformierten Landeskirche gegen die Freunde von Kuyper die alte Wahrheit der Väter, dafs der durch die Reformation gebildete Staat die Kirche der Reformation zu schützen und mit allen Mitteln zu fördern hat. Die Kuyperianer entfernen Art. 36 aus dem Niederländischen Glaubensbekenntnis und wollen, dafs der liberale Staat allen religiösen Richtungen freien Lauf lasse. Im allgemeinen ist der modernen Welt der Gedanke geschwunden, dafs der Staat Pflichten gegen Gott hat. Eine holländische Stimme sagt: „Wir sind eine christliche, protestantische Nation, die also christlich mufs regiert werden. Aber in unserem ganzen Strafgesetzbuch kommen nur Übertretungen gegen die zweite Tafel vor. Was gegen Gott und seinen Gesalbten gezeugt und gethan wird, ist für die Obrigkeit keine Sünde. Wenn bei uns sich die Socialisten der Kirchen bemächtigten und darin predigten: kein Gott und kein Meister, so würden die Gläubigen vor Gericht gefordert werden, wenn sie predigten: dies ist Rebellion und Bundesbruch von einer getauften Nation gegen Gott. Gott lebt nicht mehr für die Kinder unsrer Zeit. Es ist nur noch ein Name, den man als Zierat bei

erscheint als ein starker Zug zur Blofsstellung in dem Verfahren des Konsistoriums, aber sie gewinnt eine andere Farbe, wenn man eingehender über sie berichtet.

Pierre Ameaux war ein Fabrikant von Karten und anderen Gegenständen zum Spiel. Er hatte im Rat der 200, in dem der 60 und im Staatsrat gesessen, war aber nicht

einigen Gelegenheiten gebraucht, oder ein Instrument, um die Eigenmacht zu bedecken, wie z. B. bei den Eidleistungen. Wenn zuchtlose, elende Buben, Soldaten, Arbeiter, Herren und Frauen auf greuliche Weise den hochherrlichen Namen von Gott verfluchen, dann bekümmert sich niemand darum, aber ein Scheltwort gegen den Nächsten fordert einen Prozefs und Strafe. Ein Trunkenbold mag den Gott seiner Väter mit seiner Zunge höhnen, aber fällt er auf durch seine Bewegungen, mufs er Bufse zahlen. Doch sagt unser Katechismus (und damit treibt er Politik): „Es giebt keine gröfsere Sünde und die Gott mehr erzürnte, denn die Lästerung seines Namens, warum er auch befohlen hat, dieselbe mit dem Tode zu bestrafen." Sowie man von Gott redet, ist unser ganzes Volk anarchistisch gesinnt und unter der Losung: vor allem keine Politik, wird durch viele ihr Bekenntnis abgebrochen. Mögen einige Calvinisten noch an utopischen Ansichten festhalten, der Staat, die Obrigkeit, das Grundgesetz haben nichts damit zu thun. Ein offizielles Heidentum. Unsere Zeit ist ein klaffender Abgrund; man wirft alles hinein, um ihn zu füllen. Schliefslich sagt man: Wirf auch noch deinen Bundesgott und sein Wort hinein."

Die Ideen von Kuyper und Schaff über die völlige Neutralität des Staates in Sachen des evangelischen Bekenntnisses fördern nur die Bekenntnislosigkeit einer Obrigkeit, die vor allem die Rechte und die Ehre Gottes vertreten soll. „Bringet her dem Herrn, ihr Gewaltigen, bringet her dem Herrn Ehre und Stärke. Bringet dem Herrn Ehre seines Namens, betet an den Herrn im heiligen Schmuck." Die Schrift weifs nichts von religionslosem Staate, nichts von Freiheit für Götzendienst und Lüge. — — Die Doktoren Juris müssen immer noch in Berlin schwören, dafs sie nach dem heiligen Evangelium auch für den Ruhm Gottes eintreten wollen. Sie scheinen aber nachher diesen Schwur ganz zu vergessen gemäfs den modernen Ideen, die Gott abgesetzt haben.

wieder gewählt worden von der Partei, die die Reformatoren auswies. 1545 wurde er endlich wieder in den Rat aufgenommen und erhielt die wichtige Stelle eines Kapitäns der Artillerie. Am 26. Januar 1546, als er sich von einer langen Krankheit erholt hatte, vereinigte er vier seiner Freunde zu einem Essen bei sich. Man kam auf den Reformator zu sprechen und der erregte Mann gab seinen Gefühlen freien Lauf. Er schmähte Calvin mit starken Worten. Er wäre ein Verführer und habe seit 7 Jahren falsche Lehre verkündet. Damit stellte er die ganze Reformation in Frage. Sein Eifer gegen Calvin war aus dem Ärger hervorgegangen, weil er durchaus eine Prostituierte, eine rechte Hure, allgemein bekannt wegen ihres Wandels, zum Weibe haben wollte, was ihm verweigert war. Er hatte auch Calvin doppeldeutig einen Picarden gescholten. Einer seiner Gäste verriet ihn und er wurde ins Gefängnis gelegt. Dies geschah Ende Januar, im Februar war er noch im Gefängnis und bat um seine Freiheit. Am 1. März wird ihm vor dem Rat sein Procefs gemacht und da er um Gnade bittet, wird er verurteilt, im grofsen Rat Gott und die Justiz um Barmherzigkeit anzurufen. Auch sollte er für die Befestigung der Stadt 60 Thaler bezahlen. Wolle man ihn aber in dieser Weise nicht begnadigen, so solle er im Hemde mit blofsem Haupte und eine brennende Fackel in der Hand zwischen den beiden Thoren geführt werden und nachdem sein Procefs verlesen auf den Knieen um Gnade bitten. Dies solle in der Gegenwart von Calvin geschehen, dem er alle seine Ehre wiederzugeben habe. Übrigens möge der Rat der 200 über diese beiden Ansichten entscheiden. Die 200 entschieden sich am folgenden Tage für die mildere Form. Wie stand Calvin zu der Sache? Er schreibt an Farel im Februar: „Es sind schon etwa 15 Tage verstrichen, seitdem der Kartenfabrikant im Gefängnis gehalten wird, weil er mit so grofser Frechheit bei einem Mahle gegen mich gewütet hat, dafs er offenbar nicht seiner Sinne mächtig gewesen ist. Ich habe es still getragen und den Richtern bemerkt, dafs es mir keineswegs angenehm wäre, wenn mit ihm nach dem strengsten Recht verfahren würde. Ich wollte ihn besuchen, doch durch einen Beschlufs des Senates war der Zutritt untersagt. Und doch werden mich brave Männer der Grausamkeit beschuldigen, weil ich so hartnäckig meine Beleidigungen räche. Ich wurde von seinen Freunden gebeten, dafs ich für ihn Fürbitte leiste. Nur unter den Bedingungen wollte ich es thun, dafs kein Verdacht auf mir haften bleibe und dafs die Ehre Christi gewahrt sei. Das ist geschehen. Ich erwarte, was der Senat beschliefst." Am 20. Febr. berichtet Calvin an Farel: „Mit dem Kartenfabrikanten wird härter verfahren, weil er die Sache des Rats mit mir vermengt hat. Nachdem ich hinlänglich meine Milde offenbart habe, habe ich beschlossen zurückzuweichen. Die Böswilligen mögen lästern. Doch weifs ich, wenn ich antworten soll, womit ich ihnen den Mund stopfe. Niemand wird sagen können, dafs mir auch nur ein unbilliges Wort entfallen ist. Bei Guten und Bösen habe ich den Schaden, den er angerichtet hat, zu vermindern versucht." Calvin hat am 4. März laute Klage im Konsistorium über die Schmach geführt, die man ihm angethan habe; er bat um ein Gutachten, das an hundert Stellen der Stadt verkündet werde, denn der Name Gottes sei geschändet. Das Konsistorium beschliefst die Klagen Calvins zu den seinen zu machen und mit ihm und dem ganzen Kollegium vor den 200 zu erscheinen, um das Urteil auf einen anderen Tag zu verschieben. In diesen Tagen hatte Calvin wieder seine Genügsamkeit und Unabhängigkeit vom Rate bewiesen. Er war anfang Januar krank und fehlte am 14. Jan. im Konsistorium — das einzige mal, wo es geschah. Der Rat wollte ihm ein Geschenk von 10 Thalern machen, um einem Bedürfnis abzuhelfen, er sandte die Gabe zurück und nahm auch nichts, als der Rat bei ihm afs mit einem Aufwande von 6½ Gulden. Der Rat schenkte ihm nun ein Fafs Wein. Calvin dankte für dasselbe und schickte als Bezahlung 10 Thaler, da er nicht wollte, dafs die Seigneurs um seinetwillen belastet würden. Er wies auf notleidende Kollegen hin; der Rat beschlofs diese mit Getreide und Geld zu unterstützen, und auch die 10 Thaler ihnen zu gute kommen zu lassen. In diesen Tagen hatte Calvin mit einem frechen Anabaptisten zu thun. Er redete mit Calvin wie mit einem Hunde. Als man ihn in den Ratssaal führte, wollte er neben dem ersten Syndik Platz nehmen, als man ihn von dort vertrieb, verdrehte er die Augen und den Kopf zu einer prophetischen Majestät, mit drei Worten antwortete er auf die Fragen, wenn es ihm gerade gefiel, öfter schwieg er.

Zuerst fing der Streit über den Eidschwur an. „Als ich ihn fragte," erzählt Calvin, „ob nicht das Gesetz Gottes uns den Weg des Lebens lehre, brach er mit jenem entsetzlichen Axiom hervor: das Alte Testament ist abgeschafft. Da führte ich aus Paulus an, dafs es nützlich sei, um jeden Menschen vollkommen in gutem Werk zu machen. Ich drängte ihn, er sollte antworten, aber ich konnte kein Wort aus ihm hervorbringen. Ich erklärte darauf die Sache so deutlich, dafs alle die grobe Unwissenheit und entsprechende Unverschämtheit des Menschen erkannten. Als er sich nun in der Ecke sah, griff er zu der bekannten Unverschämtheit der Sekte: keine Art von Menschen lebe besser als die Pastoren. Ich sagte wenig darauf, unsern Stand brauchte ich nicht in Schutz zu nehmen, ich wollte nur die Frechheit der Bestie zurückweisen. Da nannte er mich einen Geizigen. Nun lachten alle, denn sie wufsten, was ich in diesem Jahre von ihnen zurückgewiesen hatte und das so ernst, dafs ich mit einem Eidschwur bekräftigte, dafs ich keine Predigt mehr halten würde, wenn sie nicht von der Gabe abständen. Sie wissen, dafs ich nicht nur eine aufsergewöhnliche Freigebigkeit zurückgewiesen habe, sondern auch etwas von meinem verdienten Gehalte zurückgeschickt habe, nämlich etwa 20 Kronen. Man hat den Menschen darum von allen Seiten mit Vorwürfen überhäuft. Ich antwortete ihm bescheidentlich: „wäre er an meiner Stelle, so wäre er reich. Das sei nicht gerade ein Zeichen von Geiz, wenn man bei aller Gelegenheit reich zu werden, arm bliebe." — — — Der Anabaptist wurde dann nachher zur Stadt hinausgeprügelt, da er nicht weichen wollte.

Der Verlauf der Sache mit Ameaux ging nun so weiter, dafs Calvin vor die Versammlung der 200 geladen wurde. Er erklärte den Syndiks, die ihn besuchten, er würde nicht erscheinen, auch die Kanzel nicht mehr besteigen, bis nicht die Schmach, die dem Namen Gottes angethan sei, genügend gesühnt wäre. Die Versammlung wurde darauf vertagt. Das Konsistorium drang jetzt auf eine genaue Untersuchung der ausgesprochenen Beschuldigungen.

Calvin stellte sich darauf mit andern, die mit ihm beschuldigt waren, als Delinquenten den Seigneurs, denn wenn sie solches gethan hätten, wären sie nicht mehr fähig, Gottes Wort zu tragen. Überall sei es schon verbreitet, dafs Calvin ein Irrlehrer wäre und die Sache liefse sich nicht mehr im geheimen gutmachen. Mit allem Recht verlangt hier das Konsistorium eine öffentliche Sühne für eine öffentliche gefährliche Verletzung der „christlichen Reformation." Der Rat der 60 ladet nun die Prediger vor und schickt sie nachher zu den 200. Hier erneuerten sie ihre Klagen und die 200 gaben die Sache an die 60 zurück. Bei Heinrich de la Mare, Pastor von Jussy, der einmal gewagt hatte an die Stelle von Calvin und Farel in Genf zu treten, machte sich bei diesem bewegten Hin- und Herschieben des Handels der alte Gegensatz gegen Calvin wieder auf und er wurde beschuldigt, ein Freund von Ameaux zu sein. Man legt ihn ins Gefängnis und der Rat beruft eine Versammlung sämtlicher Pastoren in und aufserhalb der Stadt. Man soll untersuchen, ob Calvin wirklich keine falsche Lehre vorgetragen habe. Er erscheint jetzt als der Angeklagte. Die Berufenen sollen ein Urteil abgeben, ob Calvin in seinen Predigten und Büchern falsche Lehre gegeben habe, welches sein Leben sei und ob unter ihnen Sekten oder Parteien sich befinden. Es erschienen die Prediger Abel Popin, Jehan Ferron, Nicolas des Gallars, Daguyon, Raymond, Michiel Coph, Loys Treppereaulx, Philippe de Ecclesia, Jaque Bernard, Loys, Prediger in Russin, Matthieu, Prediger zu Bossey, Pierre, Prediger zu Neydens und Nicolas, Prediger in Chansiez, dazu vom Konsistorium noch 8 Herren. Alle bezeugen übereinstimmend, dafs so lange sie Calvin kennen, sei es durch seine Bücher oder durch seine Predigt oder durch seine Unterhaltung, sie nichts in ihm als wahre Liebe gefunden hätten, dafs er das Leben eines echten Christen führe, rein und treu das Wort Gottes verkünde und dafs sie für die Lehre, die er predige und veröffentliche, leben und sterben wollten. Sekten wären nicht unter ihnen, gegen diese möge Gerechtigkeit walten. Farel und Vinet kommen nun nach Genf, und stellen sich der Stadt zu Dienst, auch in Bern nimmt Zerkintes lebhaft Anteil und bittet Calvin, den berühmtesten antesignanus der Kinder Gottes, dafs er den Frieden in der Stadt bewahre. Am 8. April hat dann der Rat beschlossen, dafs Ameaux seinen Weg durch die Stadt antreten müsse. Heinrich de la Mare wurde seines Amtes entsetzt, nachdem er sich nicht beugen wollte, seine Kollegen haben dann noch für ihn um 6 Thaler gebeten.

Betrachtet man in dieser Weise diese Geschichte, so macht sie einen anderen Eindruck als der kurze Abrifs bei Hase. Wir müssen sagen, Calvin hat mit Recht auf öffentliche Sühne für ein Ärgernis gedrungen, das die Reformation in Frage stellte, in die Parteiungen der Stadt und ihre Eifersüchteleien gegen Calvin eingriff und die ganze reformierte Schweiz zu beschäftigen anfing. „Weil Ameaux den Rat mit in die Sache hineingezogen hat, werde ich nicht weichen." Kompendien haben immer etwas Mangelhaftes, namentlich, wenn noch irgend welche Tendenz bei ihnen zu Grunde liegt.

v. d. Linde, auf den wir später noch näher eingehen, stellt die Sache in seinem Servet so dar: Pierre Ameaux hatte 1546 gewagt, sich in einem Freundeskreise unehrerbietig über den Picarden Calvin, der sich mit allem abgiebt, ausgesprochen. Er wäre mehr als ein Bischof (noch nicht seit lange aus Genf vertrieben). Er wurde verraten und verurteilt, vor dem grofsen Rat niederzukniëen, Gott, die Gerechtigkeit und den Herrn Calvin um Gnade anzurufen. Das war aber für den orthodoxen, aber rachgierigen Erklärer der Bergrede nicht genug. An seinen Vertrauten Farel hatte er bereits am 13. Februar geschrieben: „Ich verberge meine Gesinnungen, aber ich lasse es den Richter wissen, dafs es mir angenehm wäre, wenn man gegen ihn vorginge mit der ganzen Strenge, die das Gesetz gebietet." Von 12 Prädikanten und Ältesten begleitet, geht er nach dem Rat und verlangt ein härteres Urteil. Man gehorcht dem geistlichen König von Zion. Nach einem Prozefs von drei Monaten mufs der Lästerer des Herrn (Calvin) mit blofsem Haupte im Hemde mit einer brennenden Fackel in der Stadt herumgeleitet werden, auf den Knieen um Gnade bitten, seine Schuld bekennen und alle Kosten bezahlen. So ging es dem unvorsichtigen Kartenmacher Ameaux. — Giebt das nun irgendwie einen Einblick in die Bedeutung des Ereignisses? — Jacquet Gruet, erzählt v. d. Linde, der Calvin einen grofsen Heuchler und seine Schrift gegen die Anabaptisten Bosheit genannt hatte, wurde 1547 gefoltert und enthauptet; sein Leichnam wurde an den Galgen gebunden, das Haupt festgenagelt. Der Prozefs dauerte keinen Monat, und doch ging er dem blutdürstigen Calvin zu langsam; selbst nach dem teuflischen Urteil blieb das lebendige Gerippe gefühllos. v. d. Linde freut sich dann an dem Urteil von Galiffe: Ich verfluche von Grund meines Herzens das Gedächtnis dieses buveur du sang. — Man versteht, in welcher Weise v. d. Linde Calvin behandelt. Er ist ihm der blutdürstige, herzlose, ungerechte, verlogene Grofslama von Genf. Selbst ein Ketzer, mordet er andere Ketzer. Der ganze Abschnitt: Een gereformeerd Sion ist nichts als eine boshafte Karikatur. „Man zoekt bij de hervormers te vergeefs naar den trek, den wy edel zouden noemen."

Wie in diesem Falle so wird auch eine ausführlichere Beschreibung der cause célèbre von Gruet eine ganz andere Färbung geben, als wie sie Hase leistet S. 199. Es ist einfach nicht wahr, was Hase schreibt: Unleugbar stand sein Leben in Calvins Hand. Hase erwähnt gar nicht, was schon ein anderes Licht giebt, dafs Gruet vor seinem Tode eine „wunderbare Bekehrung" erlebte, und eine „wunderbare Festigkeit" bewies, den Tod zu leiden. Farel schreibt über ihn an Calvin: „Er, der so lange und so verderbt gegen den Herrn gewütet hat, und doch zuletzt Gott erkannte." Man hatte in Genf Urteil genug, um wahre und falsche Bekehrung zu unterscheiden. Gruet ist eine der dämonischen Erscheinungen, die den Reformator mit den Lästerungen des Abgrundes bekämpfen. Mit solchen hat er es ja vielfach zu thun gehabt, und in ihrer Überwindung zeigt sich seine heilige Kraft und Berufung. Gruet war nach dem Beschlufs des Rates wegen entsetzlicher Lästerungen gegen Gott, Verspottungen der christlichen Religion, boshafter Konspirationen gegen den Staat, Aufruhr und anderer Schlechtigkeiten, die er auch alle bekannte, zum Tode verurteilt worden. Sein Leben stand nicht in der Hand Calvins. Als man nach seinem Tode im Dache versteckt ein Buch von seiner Hand fand, erneuerte das nur die Gerechtigkeit der Verdammung des Mannes.

Die Lästerungen darin waren so furchtbar, dafs „keine menschliche Natur noch ein Teufel sie anhören konnten, ohne zu erzittern." Mit tiefstem Abscheu spricht der Rat von dem Buche. Es mufs ein grauenvoller Unflat gewesen sein, der sich auf alles Heilige ergofs. Das Urteil der Verbrennung des Buches schliefst mit den Worten: „Um dieser Ursachen willen, damit die Rache Gottes nicht über uns bleibe, dafs wir geduldet oder verheimlicht hätten eine so schreckliche Gottlosigkeit und um den Mund denen zu schliefsen, die entschuldigen und bedecken wollen solche Ungeheuerlichkeiten, und um ihnen zu zeigen, welche Verdammung sie verdienen, beschliefsen wir in unserem Tribunal an Stelle unserer Vorgesetzten mit guter Übereinstimmung mit dem Rat und mit unseren Bürgern Gott und seine heiligen Schriften vor unseren Augen, im Namen Gottes des Vaters, des Sohnes und des heil. Geistes Amen sprechend, durch unsere bestimmte Entscheidung, die wir hier in Schrift niederlegen, dafs dieses Buch, das hier vor uns liegt, durch den Vollstrecker unserer Justiz vor das Haus des genannten Gruet, des Schreibers, getragen werden soll, und dort dem Feuer übergeben werden, bis es in Asche zerfällt, damit das Gedächtnis solch grauenvoller Sache vergehe, und um ein Exempel allen Komplicen und Anhängern einer solchen vergifteten und diabolischen Sekte zu geben."

Ein Gutachten Calvins hatte zu diesem energischen Vorgehen den Senat angeregt. Ein solches Buch dürfe nicht in einem stillen Begräbnis beseitigt werden. Wenn man auch solche scheufslichen Lästerungen nicht wieder aussprechen solle, so wäre es doch notwendig, nach den Vorschriften des Herrn im Gesetze die Gottlosigkeiten, die man bestrafe, näher zu specifizieren. Der Sohn Gottes, vor dessen Majestät sich die Teufel demütigen müfsten, sei ein Lumpenkerl genannt, ein Lügner, ein Narr, ein Verführer, ein Bösewicht, ein Miserabler, ein unglücklicher Phantast, ein Bauernlümmel voll prahlender Anmafsung, schlecht genug, um gerecht gekreuzigt zu werden, u. s. w. Calvin zählt dann weiter die Lästerungen gegen die Propheten und Apostel auf, gegen Maria, das Evangelium und die ganze Schrift. „Und nicht allein dies rast Gruet, sondern Gott ist ihm nichts, die Menschen Tiere, die kein ewiges Leben haben." Alles sollte Gott um Verzeihung bitten, dafs sein Name so verlästert wäre. Das Urteil des Rats ist fast wörtlich nach dem Gutachten Calvins verfafst. Gruet hat bekannt, dafs er durch einen bösen Geist verführt worden sei, Mose, den Verfasser des Gesetzes Gottes, zu verachten, alle menschlichen und göttlichen Gesetze als nur zum Vergnügen des Menschen gemacht anzusehen; dafs er einen gewissen Fürsten zu einem brieflichen Angriff auf die Republik gereizt habe; dafs er immer bemüht gewesen sei, die durch Inspiration Gottes und seiner Auserwählten aufgerichteten gerechten und billigen Institutionen der Stadt zu vernichten: dies hat er in einem eigen geschriebenen Briefe bekannt; ganz hartnäckig wäre er in seiner Gottlosigkeit gegen die Ehre Gottes und der Republik gewesen, er habe das Volk gegen die Edikte und Statuten aufreizen wollen. Zu dem Zwecke habe er auch mit eigener Hand ein Billet geschrieben, und auf die Kanzel von St. Pierre gelegt: darin habe er selbst den Boten und Dienern

Gottes den Tod gedroht: eine schreckliche Sache, Gottes Wort zu zerstören, ein Verbrechen der verletzten Majestät. Noch bei seinem Proceſs habe er Aufruhrbriefe geschrieben, auch das gestand er ein. Kurz, sein ganzes Leben von Jugend an hätte unter der Verführung des bösen Geistes gestanden.

Man kann sagen, Gruet hat alle diese Bekenntnisse durch die Tortur gethan, aber der Rat betrachtet sie als aufrichtige und wahre Bekenntnisse, und Calvin spricht von einer wahren Bekehrung des Mannes: letztere wäre dann wieder ein Triumph für die Erfahrung Calvins gewesen; auch seine furchtbarsten Gegner muſsten zuletzt Gott anerkennen.

Hase schreibt: „Calvin waltete im Konsistorium wie ein altrömischer Censor, in Wahrheit ein protestantischer Hierarch." Das ist mehr deklamatorisch als wahr: Calvin wollte mit der Kirchenordnung nur dienen und hat nur gedient. Es war ihm in steter Selbstvernichtung allein um die Ehre Gottes zu thun: ein für uns schwer begreiflicher Mann. Derselbe, der, wie er sich ausdrückte, seine Strenge übte, um die Sünden der Jugend an den Tag zu ziehen, war doch im Verkehr mit Freunden und Märtyrern der zärtlichste, treueste und in Wahrheit demütigste Mann. Es ist keine Phrase bei ihm, wenn er die jungen Studenten, die in Lyon den Tod erlitten, in aller Demut bittet, seiner in ihren Gebeten zu gedenken.

Hase erzählt: „Einst in einer Krankheit hatte er sich 20 Thaler vom kleinen Rat geliehen. Als er sie zurückgeben will, will die Behörde sie nicht annehmen. Er erklärt sogleich: der Rat habe nichts zu verschenken, er werde nicht eher die Kanzel besteigen, als bis es zurückgenommen sei." — Hier hat eine Verwechslung stattgefunden. Im Sommer 1546 wies Calvin 10 Thaler zurück, und protestierte so lebhaft dagegen, auch das ihm geschenkte Fafs Wein bezahlte er; 1563 im März wollte er 25 Thaler nicht annehmen. Man hatte sie seinem Bruder gesandt, der den schwerkranken Reformator pflegte. Man hat ihn dann dringend gebeten, sie zu behalten, und sich nichts abgehen zu lassen. Hase bespricht nun die Gegensätze, die in Calvin lagen. Freilich er bleibt ein Rätsel. Wie der beste Exeget des Neuen Testamentes ein antiker alttestamentlicher Charakter sein kann, ist schwer zu verstehen, doch nicht grade von dem, der an die Einheit des Geistes in der ganzen Schrift glaubt. Mose für den Staat, Paulus für die Rechtfertigung der Seelen: so stand Calvin. Er hat mit der ganzen Bibel völlig ernst gemacht: das schliefst überall das Geheimnis seines Wesens auf. Ein Märtyrer schreibt einmal: Höret auf Herrn Calvin, denn er hat den Geist Gottes. Es ist ihm gelungen, für zwei Jahrhunderte eine Stadt auf den Boden des göttlichen Wortes zu stellen, von der Ströme der Wahrheit und Gerechtigkeit ausgingen. Nach Jahrhunderten des Aberglaubens und Götzendienstes tauchte noch einmal aus unreinen Fluten das leuchtende Bild einer geheiligten Stadt auf: es war wirklich da, Gottes Wille war geschehen — jetzt ist es wieder in Nacht versunken.

Dorner über Calvin.

Dorner, Geschichte der protestantischen Theologie. 1867. S. 374—404.

„Schon um 1532 in seinem 23. Jahre hatte Calvin das Evangelium kennen gelernt, und als erste Schrift zur Verteidigung der Protestanten Senecas Schrift de clementia mit Kommentar herausgegeben. Denn Franz I. hatte bereits die Verfolgungen der Evangelischen begonnen." Die Strafsburger bezweifeln mit Recht diese Tendenz der ersten litterrarischen Arbeit Calvins.

„Auf dieser Reise, nämlich als er aus Italien geflohen war, kam er nach Genf." Er war aber vorher noch in Frankreich gewesen.

„Er ist nicht ein Mann des Volkes wie Luther gewesen, sondern in seiner Sprache mehr der Gelehrte, und seine Wirksamkeit als Prediger und Seelsorger kann daher mit der Luthers nicht verglichen werden."

Das ist ganz falsch, gerade als Prediger und Seelsorger hat Calvin einen ungeheuren Einfluſs auch auf das niedere Volk gehabt. Was sind denn die meisten seiner Briefe anders als seelsorgerliche Schreiben, oft an einzelne unbekannte Frauen und kleine Leute gerichtet. Richtig kann man sagen: er war der Seelsorger der damaligen ganzen reformierten Welt. Auch seine Predigten fanden weite Verbreitung. Was sind allein die Homilien über das Buch Hiob gelesen worden. In der normativen Betrachtung der apostolischen Kirchenverfassung sieht Dorner „den Ansatz eines gesetzlichen Zuges, der sich dann in den reformierten Kirchen zum Teil noch weiter entwickelt hat." Mit Recht haben die Calvinisten auch in den Verfassungsformen der neutestamentlichen Gemeinden Schöpfungen des h. Geistes gesehen, und an denselben festzuhalten sich bemüht. Indem die apostolische Zeit das Wort besafs, bildete dieses Wort auch die Formen der Gemeindeverwaltung; man hat ja auch aufserhalb der reformierten Kirche das notwendige und gute der presbyterialen Ordnungen anerkannt. Der Rat der Ältesten, in dem Lehrer und Regierer unterschieden werden, ist unbedingt das für alle Zeiten normale und heilsame.

Mit Recht weist Dorner den grofsen Irrtum von Schnekkenburger zurück, als ob die Reformierten für die Heilsgewifsheit den Nachdruck auf die Äufserungen des neuen Lebens legten. Sie beruht vielmehr auf der Gewifsheit der Verheifsungen Gottes und dem Trost des h. Geistes. In den guten Werken, die der Gläubige thut, liegt nur ein relatives Moment der Versicherung, dafs man im wahren Glauben stehe. Wir stimmen auch Dorner darin bei, was er über Calvins Lehre vom Falle Adams sagt.

„Was man daher als bestimmte klare Lehre Calvins in dieser Hinsicht aufstellen kann, ist nur dieses, dafs allerdings nach Gottes Ratschlufs die Sünde Adams auf das ganze menschliche Geschlecht übergegangen ist, wodurch es der Verdammnis würdig war, und dafs Gott nur einen Teil zu erwählen und zu retten beschlofs, in Beziehung auf die Nichterwählten, aber auch nicht bei der blofsen Belassung in ihrem Zustande, und der Zulassung desselben stehen blieb, sondern in dem Ganzen seiner Weltordnung auch auf sie seine Thätigkeit erstreckt, und auch ihnen gleichsam eine leidentliche Stelle anweist, durch die sie Gottes Zwecken dienen müssen, sowohl im Lauf der Geschichte als durch ihr endliches Schicksal. Das geht aber nicht wesentlich über Augustins Infralapsarianismus hinaus."

Friedrich Loofs über Calvin.

Leitfaden zum Studium der Dogmengeschichte von Friedrich Loofs. Dritte verbesserte Auflage. 1893. § 87. Die lehrhafte Auffassung des evangelischen Christentums durch Calvin.

Loofs sagt: „Eine nicht unwichtige Abweichung Calvins von Luther ist ferner darin zu sehen, dafs der enge Zusammenhang zwischen accipere remissionem und Heiligung nicht betont wird." Das Richtige ist, dafs dieser Zusammenhang ebenso betont wird wie bei Luther. Calvin sagt gegen Osiander: Wenn wir nicht zugleich mit der Rechtfertigung eine persönliche und lebendige Gemeinschaft mit Christo eingingen, so wüfsten wir nicht, wie und wann es überhaupt zu einer solchen kommen könnte, und die Gerechtigkeit des Erlösers schiene uns immer fremd bleiben zu sollen. Nur von fern als etwas aufser uns Befindliches würden wir sie schauen; wir hätten nicht die Zuversicht, dafs sie auch die Quelle eines neuen Lebens, die Kraft der Heiligung in uns würde. Christus wäre so gleichsam müfsig uns gegenüber, wohl für uns, aber nicht mit uns und in uns, und jene so oft ausgesprochene Wahrheit der Schrift, dafs er und sein Werk uns erst wahrhaft nütze werden, wenn er in uns ist, und wir in ihm, käme nicht zu ihrem Rechte. —
Loofs: „Die bei Luther nachgewiesenen Ansätze zu durchgreifender kritischer Verwendung der reformatorischen Grundgedanken finden bei Calvin keine Parallelen." Zunächst sind die bei Loofs § 79, 2—4 bei Luther nachgewiesenen kritischen Ansätze in der Behandlung der Schrift zum Teil falsch, und schleppen sich nun schon durch drei

Auflagen hindurch. Luther hat das Urteil über den Jakobusbrief in späteren Auflagen weggelassen, hat sich auch auf Stellen aus diesem Briefe als beweisend berufen, und hat in seiner Vorrede zum N. T. kein kritisches Urteil geben wollen, sondern ein kirchengeschichtliches über die Wertung der neutestamentlichen Bücher bei den Alten. Er hat in seinen Erklärungen des Pentateuch nie mit einem Worte daran gezweifelt, dafs der Pentateuch nicht das Buch Moses sei. Es ist so oft nachgewiesen worden, neuerdings wieder von Pieper in einem Aufsatz der Presbyterian Review (April 1893), dafs Luther mit dem Worte von dem Heu, Stroh und Holz bei guten, treuen Lehrern gar nicht an die Propheten als inspiriert gedacht habe. Diese Täuschung hat Tholuck*) eingeführt und man trägt sie weiter.

„Es ist den Büchern der Könige mehr zu glauben denn der Chroniken": damit wird nach dem Zusammenhang nur gesagt, dafs die Chroniken nicht so ausführlich erzählen wie die Könige; in seinen Anmerkungen zu den Chroniken hat ihnen Luther allerdings geglaubt.

Wir haben von allen abfälligen Bemerkungen Luthers über die Schrift nur die beiden: das Buch Esther judenzet und der Brief Jakobi ist eine stroherne Epistel — und das sind dann für moderne Kritiker die Rechtfertigungen ihrer Zerstörungen. Gottes Wort und Evangelium decken sich bei Luther ebenso wie bei Calvin; die ganze Schrift als von Gott eingegeben ist ein Zeugnis für Christum: und diese Schrift kann nirgends irren, auch in den kleinsten Dingen nicht. Das, was der moderne Geist der Kritik einen Rest

---

*) Luther in this passage does not speak of the prophets as writers of the Holy Scripture. Tholuck deceived a whole generation of scientific German theologians. Dieckhoff hat endlich der Wahrheit die Ehre gegeben.

altkatholischer Anschauung nennt, war der Grundpfeiler der Reformation.*)

Calvin ist aufs tiefste davon überzeugt, dafs der Schrift überall zu glauben ist, und dafs sie in allen ihren Teilen Christum predigt. Darin ist er kein „Epigone." Auch in der Lehre von der Bufse stimmt er mit Luther völlig überein.

Von welch grofser Bedeutung ihm das Gesetz Gottes ist, um den Menschen zur Selbsterkenntnis zu treiben und ihm dadurch die Notwendigkeit der Gnade vorzuhalten, hat er herrlich ausgeführt. Jeder, der zu Christo kommt, macht diese Gewissensschrecken am Gesetz durch, wenn dann auch die wahre Bufse aus dem Glauben fliefst, da dieselbe mit Vertrauen an den barmherzigen Gott verbunden ist. Beide Reformatoren gehen immer auf Röm. 7, 7 zurück. Wie der Apostel eine Zeit hatte, wo er ohne Gesetz lebte, obwohl er gerade damals das Gesetz vollkommen zu halten meinte; wie dann eine Zeit kam — und das war gerade die Zeit seiner Bekehrung, namentlich die stillen Jahre in Arabien, wo das Gesetz vor ihn hintrat, ihm die Begierde als die tiefste Sünde enthüllte, und er nun vor diesem Urteilsspruch des Gesetzes einen geistigen Tod starb, und damit vor der Heiligkeit desselben versank, so haben es auch die Reformatoren erfahren und gelehrt. Daher die Wichtigkeit der Predigt des Gesetzes für das ganze Christenleben, wie dies so schön im Sinne Calvins der Heidelberger Katechismus in Frage 115 ausspricht. Die Mortificatio fliefst bei Calvin namentlich aus der Erkenntnis der Sünde und dem Gefühl des Gerichtes Gottes, beides kommt aus dem Gesetz Gottes; diese

---

*) Vergleiche die Neue luth. Kirchenzeitung Nr. 18. Luthers Inspirationslehre. 1893. Absit, absit, ut ullus apex in toto Paulo sit, quem non debet imitari et servare tota universalis ecclesia.

mortificatio ist nur eine legalis in dem Sinne, wenn der Mensch sich nicht mehr aus ihr lösen kann. Die evangelische Bufse hat ein David, der doch aus dem Gesetze, das ihm Nathan predigte, die Schuld seines Ehebruchs erkannte, aber vor dem Herrn niederfiel. Calvin fragt: kann die wahre Bufse aufserhalb des Glaubens bestehen? Keineswegs. Aber ob man sie auch nicht trennen kann, so müssen sie doch unterschieden werden. Das Gesetz als Pädagogen auf Christum fafst Calvin immer so, dafs es uns leer macht von dem Vertrauen auf die eigene Gerechtigkeit, und fähig die Gnade Christi zu erlangen. Das Gesetz unterrichtet nach seinem Mafs für die wahre Frömmigkeit, bis dann die Wiedergeburt die wahre Liebe Gottes bringt. Das richtige auch bei Kübel: Über den Unterschied zwischen der positiven und liberalen Richtung in der modernen Theologie, S. 57 ff. mit den Anmerkungen.

Es ist kein „augustinisch-katholischer Sauerteig", wenn Calvin die Wirkung der souveränen Gnade auch über die Wirkung der Gnadenmittel ergehen liefs: Schaff hat dies als einen ganz besonders guten Gedanken bei ihm unablässig gerühmt, sondern er will nur für aufsergewöhnliche Fälle die Freiheit Gottes wahren, und namentlich für die Kinder der Gemeinde, die von Mutterleibe an geheiligt seien, und bei denen der Glaube nicht aus der Predigt des Wortes entstehen könne. Die Worte Calvins: Gott gebrauchet in der Berufung vieler die Weise, dafs er sie in einer inneren Art, durch Erleuchtung seines Geistes, ohne dafs die Predigt dazwischen tritt, mit der wahren Erkenntnis seiner selbst beschenkt, sollen gar nicht Luther widersprechen, dafs ohne das Wort der Verheifsung und den empfangenden Glauben keine Verbindung mit Gott sein kann; es ist im Zusammenhang von der Predigt des Wortes die Rede, jene innere

Erleuchtung geschieht natürlich auch nicht ohne Wort, wie dies bei der Berufung Samuels der Fall war. Es ist keine Frage, dafs völlig unwissende Menschen mit einmal ohne alle Beziehung zur kirchlichen Predigt bekehrt werden — spiritus illuminatione. — Der Abschnitt bei Loofs über Calvin ist von geringer Bedeutung. Bei den Ritschlianern schreibt immer einer dem andern seine Irrtümer ab. Vgl. auch Calvins Doctrine of Holy Scripture in der Presbyt. Review. Januar 1893.

Philip Schaff über Calvin.

Philip Schaff, History of the Reformation. Vol. I. und II. New-York 1888 und 1892.*)

Wäre Hase mit seinem ästhetischen Rationalismus, den prickelnde Darstellungsweise und grofse Kenntnis des Materi-

---

*) Ein amerikanischer Freund hat mir eine Liste der Leben Calvins in englischer Sprache in diesem Jahrhundert gesandt.
J. H. Dyer „Life of Calvin." London 1849.
Mrs. Mc. Crie „Early Years of John Calvin. 1509—1536. London 1880.
— — Lives of Calvin and Luther. London 1856.
E. J. Watermans „Memoires of the Life and Writings of John Calvin." Hartford, U. S. A. 1813.
John Mackenzies „Memoirs of the Life and Writings of John Calvin." Philadelphia 1827.
W. M. Blackburns „College Days of Calvin." Philadelphia.
— — „Young Calvin in Paris." Philadelphia.
— — „Life of John Calvin for Young Persons." London 1864.
R. Willis' „Servetus and Calvin." London 1877.

als begleitet, der Mafstab für die kirchengeschichtliche Betrachtung dieses Jahrhunderts in Deutschland: die Höhe der Wissenschaft, so wäre unser Jahrhundert nicht weiter gekommen als zu einem geistreichen Spiel des Unglaubens mit den Geheimnissen des Wortes Gottes und seinen Zeugen auf Erden. Im allgemeinen wird der Deutsche, der noch Kirchengeschichte lesen will, diese so ansehen wie Hase, und so werden ihm die Reformatoren schliefslich Rätsel bleiben. Doch gehen neben Hase noch andere Darsteller mit mehr Verständnis einher, denn unser Jahrhundert ist ganz eklektisch; alle möglichen Anschauungen treten auf, wie das immer ist, wenn man nicht mehr weifs, was die Wahrheit der Schrift ist: der eine lehrt denn dies, sagt Luther, und der andere das. Verwirrende Mannigfaltigkeit ohne Klarheit. „Eine grofse Finsternis mit dem Schein des Lichtes."

Eine allgemeinere Bedeutung wie Hase in Deutschland hatte Schaff in Amerika († 20. Okt. 1893), ohne Frage der gelehrteste, fleifsigste, die ganze Welt auf- und abbesuchende Mann, den deutsche theologische Bildung hinüber gesandt hat. Der hartnäckige Graubündner, der getreuste Schüler von Neander, hat in vielen Werken gelehrten Stoff aufgehäuft zum praktischen Gebrauch der Amerikaner; von grofsem allgemeinem Werte ist seine Bibliotheca symbolica ecclesiae universalis. The Creeds of Christendom (1877). Schaff, ein eifriger Freund der Evangelischen Allianz, hat keine bestimmt konfessionelle Stellung eingenommen, sondern nach seiner Liebhaberei für evangelical-catholicity meint er,

---

Mrs. Smyths „Calvin and his Enemies. A memoir of the Life, Character and Principles of Calvin." Philadelphia 1856.

John Lords John Calvin, (in his Beacon Lights of History, vol. III.) New-York 1877.

Julia M. Nair Wright. John Calvin (For young people) Philadelphia.

Pry. George P. Praber D. D. (In his Reformation.) Neelpure.

dafs jede protestantische Denomination ihr eigenes Feld habe, auf dem sie nützlich ist und die Sache des Christentums würde ernstlich geschwächt und geschädigt werden, wenn eine von ihnen unterginge. Er hat sich sein Leben lang bemüht, den Amerikanern zu beweisen, dafs der Papst nicht der Antichrist sei. Seine Vorliebe für Toleranz nach amerikanischer Weise läfst ihn auch Luther zu dieser Ansicht stimmen, obwohl derselbe von öffentlicher Religions- und Kultusfreiheit nichts weifs. Luther war ebenso intolerant wie alle anderen Reformatoren und hätte gleich Melanthon der Verbrennung Servets zugestimmt. Schaff sieht in der Reformation noch nicht die letzte Antwort des Glaubens; das beste käme noch, wahrscheinlich ein johanneisches Reich, von dem die Schüler Neanders so gerne schwärmten. Ist ein solcher Schriftsteller eigentlich fähig, Calvin zu beurteilen?

Den Mann, der nur eine Wahrheit kannte, die unbedingt in Staat und Kirche zu herrschen habe und der alle andere Meinung zu weichen habe: mit allen Mitteln rechtlicher Gewalt müsse man diese bekämpfen; dem der Papst der Antichrist ist und der unter der Tyrannei desselben nur kümmerliche entstellte Reste des Christentums durch ein Wunder Gottes gerettet sieht; der ein weites Herz nur für die Brüder Christi hat, die dieselbe Lehre haben, alle, auch die kleinste Abweichung mit dem glühendsten Hasse hafst. Ich glaube, der reformierte Schaff kann mit seiner weltumfassenden Christlichkeit nur eine halbe Freude*) an Cal-

---

*) In dem Vortrage, den Schaff noch für den Kongrefs der Religionen niedergeschrieben hat und den ein anderer bei grofser Andacht der Zuhörer verlas, ist es geradezu fabelhaft, welche Millionen hier umschlungen werden. Auch der Papst ein Verteidiger der Grundthatsachen des Christentums und die Heilsarmee eine Arbeiterin für die Ehre Christi. Alles überbrückt der vollendete Vermittlungstheologe.

vin haben. Das ist das Grofse in Calvin, dafs er im Vergleich mit vielen Jahrhunderten allein die evangelische Wahrheit gehabt hat — natürlich in Einheit mit allen Reformatoren — und dafs er sie in unbezwinglicher Kraft und verzehrender Intoleranz behauptet hat. Er vertritt die volle Exklusivität einer allein gültigen Lehre.

Schaff versucht in seinem Examen des Calvinismus die allgemeine Liebe Gottes zu verteidigen mit Waffen, welche schon oft angewendet worden sind. Ich finde, dafs er darin nicht glücklich ist. Man mufs ohne alle Widerrede zugeben, dafs das ganze calvinische System biblisch ist, und dann kann man biblische Aussagen anführen, die mit demselben in Widerspruch stehen. Man darf beide Reihen von Aussagen nicht beschränken, sondern mufs sie in ihrer vollen Bedeutung stehen lassen. Die ganze Schrift ist neben electio und reprobatio von der ernstlichen Erklärung Gottes durchzogen dafs er den Tod des Gottlosen nicht wolle, durchzogen, ebenso von der ernstlichen Berufung vieler, aber zugleich sagt sie nirgends, dafs Gott alle Menschen bekehren wolle, sondern sie betrachtet die Bekehrung als eine besondere Gabe Gottes an die Auserwählten. Wie Schaff sagen kann, dafs die Verwerfung immer ein richterliches Urteil über den Unglauben sei, nie eine Vorheranordnung, ist schon im Hinblick auf das Evangelium Johannis unverständlich, denn hier haftet das Wort Gottes in der Menge darum nicht, weil sie nicht aus Gott ist, weil sie nicht zu den Schafen Jesu gehört, weil sie Welt ist und Welt bleibt und als solche den Geist Gottes nicht empfangen kann und aus der Fürbitte des Herrn ausgeschlossen ist. Derselbe, der die Welt erretten will, weifs doch, dafs nur die zu ihm kommen, die ihm der Vater gegeben hat und dafs alle diese wirklich zu ihm kommen. Nicht die Stellung zu ihm bringt erst die Herkunft aus Gott oder nicht aus Gott zur

Wirklichkeit, sondern schon vor seiner Erscheinung gab es solche, die aus Gott sind und die nicht aus Gott sind. Sein ganzes Volk sieht er geteilt in zwei getrennte Lager, von denen das eine unbedingt ihm zufällt, das andere unbedingt ihn haſst und diese Scheidung war schon vor seiner Erscheinung vorhanden und trat nur durch dieselbe in volles Licht. Für die Verworfenen sucht am Schluſs der Lehrthätigkeit Jesu der Evangelist ebenso den letzten Grund in einem Rate Gottes, der schon Jesaias bekannt war, wie Paulus.

Es ist auffallend, daſs man übersieht, wie das Ev. Johannis durch und durch prädestinatianisch ist gerade wie Paulus. Als dieser seinen ersten Brief schrieb, war er schon voll von der Prädestination nach beiden Seiten, denn die Gläubigen in Thessalonich sind Auserwählte, die übrigen hat Gott zum Zorn gesetzt. Und das ist seine Lehre überall. Aber als ein Geheimnis und ein groſses Labyrinth, wie es Calvin selbst bezeichnet, ist dieselbe von Rätseln und Widersprüchen umgeben, die man ohne Abzug stehen lassen soll. Gott liebt die Welt, Christus vergieſst sein Blut für die Sünden der Welt — und doch schmilzt die Welt thatsächlich und nach Gottes ewigem Rat zu den Wenigen zusammen, die der Sohn Gottes aus allem gleich verlorenen und verdorbenen Fleisch durch den Vater empfängt. Die Frage ist nicht die: ist das Lehrsystem Calvins richtig — die ist beantwortet durch die Schrift, sondern die Frage ist die, hat Calvin nicht die Widersprüche gegen dieses System gekannt und wie hat er sich mit denselben abgefunden? Und da muſs man sagen, daſs er sich nie durch sein System gebunden gefühlt hat, jedermann, der ihm in den Weg kam, die Gnade Gottes mit den heiligsten Beschwörungen anzubieten; er hat nie eine Fessel in seinen dogmatischen Schluſsgedanken gefunden, für jedermann der Bote des Heiles zu sein; das System war ihm heilig, aber die Praxis auch. Zwei Thatsachen werden immer den Calvinismus schützen: die eine, dafs nur wenigen Völkern das Evangelium gepredigt wird und die andere, dafs unter diesen es wieder wenige sind, die da glauben. Woher sind sie und welch ein Ratschlufs ruht auf den übrigen? Schaff meint, es wäre noch kein so grofser Theologe gekommen, wie Augustin und Calvin gewesen, um der Welt ein neues System zu geben: er wird nicht kommen. Ich habe gefunden, dafs an allen Stellen, wo Schaff Calvin tadelt, Schaff im Unrecht ist. So z. B. wenn Calvin in seiner furchtbaren Feindin, der furiosen Penthesilea, dem Weibe Perrins, der Franziska, die einen Prediger niederreitet, eben nur etwas sieht, mit dem man einen gefährlichen und thörichten Kampf kämpft: Schaff meint: er vergafs das Benehmen Christi gegen die Ehebrecherin und Maria Magdalena — das waren gebrochene und gedemütigte Herzen.

Der Standpunkt von Schaff färbt seine Darstellung; es ist ganz falsch, was er sagt: die Bibel giebt uns eine Theologie die menschlicher ist als der Calvinismus und göttlicher als der Arminianismus und christlicher als sie beide; Calvin ist vielmehr die Vollendung der biblischen Lehre und einfach immer wieder zu erneuern, aber von Fehlern abgesehen haben wir einen ausgezeichneten, vortrefflich geschriebenen, lehrreichen Bericht über Calvins Werk bei Schaff von S. 255 bis 844. Das klare, einfache Englisch, das Schaff schreibt, ist sehr anziehend. Dabei die glückliche Weise, praktisch einzuteilen und zu belehren. Das Muster eines Lehrbuches. Vorzügliche Angabe der Literatur. Kurze Sätze. Von Calvin heifst es: He improves upon acquaintance. Those who know him best esteem him most. All impartial writers admit the purity and integrity, if not the sanctity of his character, and his absolute freedom from love of gain and notoriety. One of the most eminent skeptical historians of France goes so far as to pernounce him „the most Christian man" of his age. Interessant sind die vielen Zeugnisse über Calvin von ausgezeichneten Männern aller Zeiten. Bei eingehender Benutzung aller bis jetzt geöffneter Quellen bezeichnet die Arbeit von Schaff einen grofsen Fortschritt in der Calvin-Forschung. Wer sich über die Litteratur für ein Leben Calvins unterrichten will, findet bei Schaff eine gründliche Belehrung. Schaff kann in vielem ein Vorbild sein. Wichtig wäre es auch, in eine Lebensbeschreibung Calvins grofse Auszüge aus den Schriften Calvins einzufügen, da dieselben so wenig bekannt sind und schon wegen ihrer sprachlichen Hülle gemieden werden. Ein Leben Calvins mit reicher Darbietung aus seinen litterarischen Schätzen wäre neben den Arbeiten von Köstlin und Kolde über Luther eine Wohlthat für viele.

Erich Marks über Calvin.

Gaspard von Coligny. Sein Leben und das Frankreich seiner Zeit. Von Erich Marks. Erster Band, erste Hälfte. 1892.

Über Coligny hatten Jules Tessier, Eugène Bersier und namentlich Graf Delaborde vortreffliche Studien veröffentlicht. Eine völlig entsprechende Biographie fehlte noch. Marks hat dieselbe in sehr glücklicher Weise unternommen. Das Leben des gröfsten Hugenotten wird hier in den Zusammenhang sowohl der französischen Volksgeschichte als der Reformationsgeschichte gestellt. Eine vieljährige Arbeit, mit genauer Prüfung des Quellenmaterials liegt dem Buche zu Grunde.

Das zweite Buch bringt einen Abschnitt über Calvin, seine Persönlichkeit, seine Lehre, seine Arbeit, auch über den Geist des französischen Calvinismus.

„Der Calvinismus hat vorwiegend den heifsen Kampf für Bestand und Ausbreitung der Reformation gestritten; mit einziger Ausnahme wohl des nationalen Militärstaates Schweden sind, vermöge einer gegenwärtigen Anziehung der Energie, alle grofsen politischen Kräfte des Protestantismus calvinischer Herkunft gewesen. Ein gewaltiges Geschlecht ist aus den Mauern der kleinen Stadt in die Geschichte hinausgezogen.

Damals, in den Tagen der Reformation, blieb die Stadt selbst noch der Mittelpunkt der Bewegung — ein unvergängliches Schauspiel für alle Zeit, wie dieses Genf sein blitzend scharfes Licht über einen wirren Weltteil ringsum ausgiefst, unter einem grofsen Manne von der harten Erhabenheit der Firnen, auf denen die Rosen nicht blüh'n; aber im Scheine der geschichtlichen Ewigkeit leuchten sie über die Jahrhunderte hin."

Lic. th. August Lang über Calvin.

Das häusliche Leben Johannes Calvins. Von Lic. th. August Lang (jetzt dritter Domprediger in Halle). München 1893.

Eine gut geschriebene lesenswerte Skizze. Einige Kleinigkeiten würde ich anders gefaſst haben. S. 6: „Aber daſs die Wärme des Gefühls, freundschaftliche Hingebung und Teilnahme nicht ganz von der alles beherrschenden Vernunft, der leidenschaftlichen Kraft des Willens verschlungen wurden, dafür ist der beste Beweis das treue Andenken, welches Calvin alle diejenigen bewahrten, mit denen er auch nur kurze Zeit in nähere, nicht gegensätzliche Berührung kam."

Die Macht der Freundesliebe ist bei Calvin ebenso leidenschaftlich, wie seine organisatorischen Arbeiten, wie Lang selbst nachher genugsam zeigt. S. 21: „Calvin zog unter dem Jubel der ganzen Bevölkerung von neuem in Genf ein." Ähnlich Kampschulte, auch Stähelin, doch richtig sagt Schaff: There is no record of such a triumphant public entrance. S. 31: die hier sich findenden Bemerkungen, daſs, wäre Idelette am Leben geblieben, sie ihren besänftigenden Einfluſs auf den Reformator geltend gemacht hätte, und dann wäre bei ihm die Ehre des Höchsten mit der alles vergebenden Liebe zum Nächsten in Einklang gebracht worden, halte ich für verfehlt. Calvin war in den „Verbannungs- und Todesurteilen" ganz im Recht, und ich denke, Idelette würde wie Luise Henriette von Brandenburg gehandelt haben, die ihren Mann von Berlin entfernte, wenn er im Unterschreiben von Todesurteilen weich werden wollte. Ebenso falsch ist der Satz: „Wie er die vollendete kirchliche Ordnung mit der staatlichen vermischte, so mengte sich in seinen Eifer um den Herrn fleischliche Leidenschaftlichkeit." Luthers und Calvins Zorn ist eine Wohlthat und ungeheure Kraft gewesen, was macht es, ob Calvin leicht gereizt und erregt war. Blökende Lämmer konnte die Reformation nicht gebrauchen, sondern brüllende Löwen. Die Leidenschaftlichkeit Calvins kann ihm und anderen oft Schmerz und Trauer bereitet haben, aber sie war wesentlich mit der fruchtbare Boden seiner vulkanischen und zugleich heilsamen Kraft. Moralische Bemängelungen grofser von Gott geschaffener Menschen halte ich für kleinlich. Übrigens hat Calvin kirchliche und staatliche Ordnung stets geschieden. Er war in diesem Verhältnis sehr klar.

La France Protestante über Calvin.

La France Protestante, par MM. Eugène et Emile Haag. Deuxième édition publiée sous la direction de M. Henri Bordier. Abschnitt Calvin. 1881.

Ein kurzer Abrifs, der mit dem feinen Geschmack und dem litterarischen Geschick der Franzosen die Hauptsachen, die Calvin betreffen, sehr glücklich zusammenfafst. Für den, der sich schnell orientieren will, ist hier ein bequemer Weg gegeben. Vortrefflich ist S. 533, 3. B. auseinandergesetzt, dafs Calvin kein souveräner Tyrann in Genf war, selbst nicht in den Zeiten seiner Siege. Mit Recht wird hier auch gesagt, dafs Calvin nicht einmal unbedingt auf alle Réfugiés rechnen konnte, einige waren offen seine Feinde — man denke nur an die Kämpfe in der italienischen Gemeinde.

S. 535 heifst es — und da zeigt sich der moderne Geist der Herausgeber —: „Calvin hatte die Wahrheit in der Bibel mit unglaublichem Eifer gesucht. Seitdem er sie glaubte gefunden zu haben, vergafs er, dafs er ein Mensch sei und dem Irrtum unterworfen und hatte die feste Überzeugung, dafs er im Besitz der absoluten Wahrheit sei, dieses Attribut des höchsten Wesens. Er stellte sein System dem Worte Gottes gleich und bildete sich eigensinnig ein, wer seine Lehre angreife, „verachte Gott in seiner Person." Alle, welche nicht dachten wie er, waren also in seinen Augen Feinde der Wahrheit und der Religion. Eben weil seine Überzeugungen so tief safsen, erstickte seine Anhänglichkeit an seine Ideen in seinem Herzen jedes andere Gefühl. Er entwickelte in dem Kampf gegen seine dogmatischen Gegner eine unbezwingbare Festigkeit und zugleich eine Erregtheit, eine Würde, einen Stolz, eine Unbeugsamkeit, einen Despotismus, die ihm viele Feinde machten und die seinen Charakter von einer wenig günstigen Seite zeigen. Diese Heftigkeit war ihm übrigens so natürlich, dafs er sich über den peinlichen Eindruck wunderte, den sie bei seinen Freunden hervorbrachte."

Calvin ist hierin Luther ähnlich. Diese Männer konnten nur mit einer solchen gewaltigen Macht des Ansturmes durchbrechen. Luther freut sich sogar seines Zornes, denn in demselben könne er am besten schreiben. Gott brauchte in der Zeit schäumende und zähe Naturen und wirkte auch in ihrer tobenden Heftigkeit. Die Milde Melanthons hat wenig erreicht. Übrigens besafs Calvin wirklich die volle Wahrheit, wie sie Menschen geoffenbart werden kann, nicht wie sie ein Attribut des höchsten Wesens ist. Sowohl in seiner Lehre von der Gnadenwahl wie auch in der vom Abendmahl ist kein Fehler. Er ist in allem die Vollendung der reformatorischen Erleuchtung. Ich bin weit entfernt, allen Schrifterklärungen Calvins beizustimmen — der Stoff ist zu reich, um alles Einzelne zu bewältigen — aber die grofsen Züge der Offenbarung Gottes hat er unfehlbar dargestellt. Er hat darin nicht geirrt und es wäre ein Bruch der Wahrheit gewesen, wäre er auch nur einen Fufs breit gewichen. Das war nicht Stolz und nicht Eigensinn, sondern Treue. Es ist geradezu bewundernswert, welche Klarheit in diesem herrlichen Geiste lebte. Luther hat sich öfters, um so zu sagen, verhauen, seine Ubiquitätslehre ist eigentlich eine Thorheit, aber Calvin blieb sich immer gleich, immer in krystallener Harmonie. Dies geht so weit, dafs man auch seinen Stil gleich wieder erkennt, wenn man Worte von ihm findet ohne Nennung seines Namens.

La France protestante erwähnt die Streitigkeiten Calvins mit Castellio, Caroli, Baudouin und meint, er habe sich in denselben wie auch in dem Hader mit Bolsec wenig von dem Geiste Christi durchdrungen gezeigt. Ich würde ein solches Urteil nicht auszusprechen wagen, denn welcher Art waren jene Gegner Calvins! Calvin suchte auch in seiner Heftigkeit nicht sich selbst, sondern die Wahrhaftigkeit der Schrift und wenn er dies in stürmerischer Glut that, wer will ihn tadeln?

Vortrefflich sind jetzt wieder die folgenden Bemerkungen darüber, wie Calvin nicht Pontifex und König in Genf war. „Seine Autorität wurde fortwährend bestritten und angefochten bis zum Jahre 1555, sie war niemals etwas anderes als das Übergewicht seines Geistes. Damals, sagt Roget, als die Herzogin von Ferrara, der Lord-Protektor von England, die Königin von Navarra, die Herrscher von Polen, manche Städte und entfernte Kirchen mit Fleifs diesen bedeutenden Mannes suchten, der an der Spitze der Kirche von Genf stand, haben die einfachen und guten Bürger von Genf, die eine sehr kleine Rolle in der Welt spielten, ihm nicht eine besondere Achtung und eine respektsvolle Bevorzugung bewiesen. Er war so wenig Jupiter im Olymp, dafs er vielmehr fortwährend mit einer aufgeregten Bevölkerung streiten mufste. S. 548—638 werden die Schriften Calvins besprochen. Man kann sich hier bequem und bald orientieren. Bei dem berühmten Thesaurus epistolicus Calvinianus wird erwähnt, dafs er 4271 Briefe umfafst, von Calvin allein 1345, von Farel 221, von Bullinger 215, von Melanthon 10, von Gasp. Olevianus 7 Briefe. Es werden alle Briefschreiber aufgezählt.

Nachdem La France protestante mit Recht ihr Lob über die Strafsburger Ausgabe ausgeschüttet hat, macht sie noch auf die hohe Bedeutung der Annales Calviniani aufmerksam, welche einen historischen Führer von unvergleichlicher Sicherheit vom 10. Juli 1509 bis zum 26. Oktober 1564 bieten. Am Schlufs wird noch erzählt, dafs aus der Familie Calvins aus Noyon ein Benediktiner-Mönch den evangelischen Glauben in Genf angenommen habe.

Servet.

Servet — und immer wieder Servet. Die grofsartige Erforschung des Reformationszeitalters in unserem Jahrhundert, ausgezeichnet durch geschichtliche Studien, hat sich auch auf die Ketzer und Irrlehrer des 16. Jahrhunderts geworfen. Oft mit dem besonderen Reiz, dafs man denselben eigentlich näher stehe, als den Reformatoren; sie haben schon voraus genommen, was wir so glücklich sind zu besitzen.

Aber was besitzen wir doch eigentlich — das ist eine grofse Frage, denn man sieht nur den buntesten Wirrwarr. Lic. Tollin, Pastor der französisch-reformierten Gemeinde in Magdeburg, hat in einer Weise dem „Servetismus" gehuldigt, dafs es bald den meisten zu viel wurde. Er hat eine Fülle von Schriften über den Spanier ergossen. Man findet sie in der Realencyklopädie 2. Aufl. aufgezählt. Bernhard Riggenbach sagt darüber: „Tollin erschwert die Benützung seiner auf umfassenden Studien beruhenden Arbeiten dadurch wesentlich, dafs er bestimmte Beziehungen finden will, wo kaum schwache Mutmafsungen erlaubt sein dürften, und dafs er sachliche Berührungspunkte sofort zu historischen Entwicklungsstufen macht und Servet auf Grund einseitiger Interpretation seiner Aussprüche, Erlebnisse, Charakter- und Lehrvorzüge beimifst, welche ein anderer absolut nicht entdecken kann." Man hat bei Tollin den Eindruck, dafs ein Schwärmer über den anderen redet. Wie kann man nur seine Kraft an den Delirien des Servet verschwenden! Grausam hat ihn von der Linde behandelt.

Aber auch Riggenbach urteilt seltsam, wenn er meint: „Wir freuen uns, dafs vieles, was Servet seiner Zeit gewaltig vorauseilend, als ein aus dem Geiste des Christentums mit Notwendigkeit resultierendes Postulat aufgestellt hat, heute allgemein anerkannt wird." Aber gerade von dem, was unsere Zeit so stark betont: völlige Glaubensfreiheit, hat Servet kein Verständnis gehabt, denn hätte er in den heifsen Kämpfen in Genf gesiegt, so wäre Calvin zum Tode verurteilt worden.*) Moderne Irrlehrer erinnern allerdings lebhaft an Servet. So ist die Christologie von Beyschlag die reine Wiederholung Servetischer Ideen. Im allgemeinen

---

*) In dem Lexikon von Holtzmann und Zöpfel ist in dem Abschnitte über Calvin kein Wort in dem Satze wahr: Auf Calvins Andringen wurde Servet zum Feuertode verurteilt.

aber mufs man sagen, dafs jeder Verlust der reformatorischen Positionen ein wirklicher Verlust ist und dafs alles, was die moderne Entwicklung gewonnen zu haben meint, Täuschung und Irrlehre ist. Wir sind nirgends mit einem wirklichen Gewinn aus aller unserer Arbeit und Kritik hervorgegangen. Calvins Lehrsystem ist für alle Zeiten der vollendete Abschlufs der reformatorischen Wahrheit. Verbesserungen an demselben sind nur die Aufnahme von alten Irrlehrern, die er selbst schon widerlegt hat. Servet ist ein beliebtes Thema für Roman und Dichtung. Über solche Machwerke wie Andrae, Ein Martyrium in Genf hat Ebrard mit Recht seinen Zorn ergossen. Zu der Kenntnis der Reformationszeit gehört ein sehr sorgfältiges Studium, dann aber auch ein theologisches Verständnis, namentlich für Calvin. Man kann den Helden nicht mit modernen Ideen bekritteln. Man macht nur Mifsgriffe auf Mifsgriffe.

In Wiesbaden hat sich in der letzten Zeit eine grofse Liebhaberei für Servet gezeigt. Dr. Spiefs, der die Institutio übersetzt hat, hat auch die Christianismi restitutio von Servet übersetzen müssen mit einer wunderlichen Vorrede und sein Stadtgenosse der alles wissende Antonius von der Linde hat in einer holländischen Schrift über Serve de Calvin verlästert. Das Buch heifst: Michael Servet, een brandoffer der Gereformeerde Inquisitie. Groningen 1891. Es ist nichts als eine geradezu grauenvolle Lästerschrift auf Calvin, in der man jeden Satz aufs sorgfältigste prüfen mufs, ehe man ihn glaubt. Es ist allein erklärlich aus dem unglücklichen Charakter des bedeutenden Gelehrten, der seine Untersuchungen immer mit fanatischem, verzehrendem Eifer treibt. Das Buch bringt in sieben Abschnitten die Geschichte Servets und in drei Abschnitten folgendes schon durch die Überschriften bezeichnetes: Kalvijn laat Servet verraden; Een gereformeerd Sion; Kalvijn laat Servet verbranden. Es kommen dann Anmerkungen und Litteratur. Bezeichnend für das ganze Buch ist der eine Satz S. 156: Kalvin hat es nie genau mit dem Punkt der Wahrheitsliebe genommen. Colladon und Beza werden Fabelschreiber genannt. Es wird darum auch ein hassenswertes Scheusal aus Calvin gemacht, in einem wilden Sturm eines aufgeregten Geistes, der mit den Thatsachen sein fanatisches Spiel treibt. Gegenüber diesen Schmähungen eines sogenannten Reformierten ist es wie ein stilles Säuseln, was Kampschulte und Cornelius bringen; namentlich letzterer erscheint geradezu noch wohlwollend und gütig. Man müfste ein ganzes Buch schreiben, um v. d. Lindes Karikaturen zu widerlegen. Calvin kann ich glauben, aber v. d. Linde kann ich nicht glauben. Ich halte es für eine Lästerung, wenn v. d. Linde von dem letzten Wege Servets sagt: Es ging von Gethsemane nach Golgatha. Und so wird die ganze Geschichte behandelt. Der entsetzliche Schrei, den Servet im Feuer ausstiefs, wird mit Matth. 27, 50 in Parallele gebracht. v. d. Linde eignet sich das brutale Urteil von Langhans an: Das Christentum und seine Mission im Lichte der Weltgeschichte (1875): Calvins Andenken bleibe wie das eines Torquemada, Arbues und Robespierre ein geächtetes, so lange es eine Menschheit giebt. Dat zij zoo! Wir setzen dem gegenüber das Wort von Turretin: Vir benedictae in omne aevum memoriae. Man macht am liebsten das unsagbar traurige Buch zu. Von der Linde hat wieder aus seinem eigenen Herzen geschrieben, was ihm alles verzerrt.

In Amerika, wo sich noch am meisten Calvinisten befinden, hat Charles W. Shields an dem berühmten Princeton College in der Presbyterian and Ref. Review Juli

1893 aufs neue und bis jetzt der letzte den Servet-Handel besprochen. Er sagt, dafs selbst ein so gelehrter Calvinist als Dr. Schaff in seiner neuen Geschichte der Schweizer Reformation erkläre, dafs Calvins Bemühung, das Schwert an die Stelle der Flamme in dem Urteil zu setzen, das einzig Gute sei, was man in diesem traurigen Prozefs zu seiner Ehre erwähnen könne. Das habe aus dem Munde von Farel den Ausruf gelockt: „Du erweist den Dienst eines Freundes einem Mann, der dein Todfeind ist."

Shields schliefst sich dem Urteil von A. Rilliet an in seiner Geschichte des Processes; es fafst sich so zusammen, dafs Servet durch eine Mehrheit von Richtern, durchgehends Gegner von Calvin — kaum als ein Ketzer — aber wesentlich als ein Aufrührer verdammt wurde. Die Politik überwog am Ende des Processes. Es handelte sich also nicht um eine einfache Häresie, sondern um eine Verbindung von politischen Verbrechen mit Lästerung, Aufruhr und Konspiration. Der Name von Servet erscheint gar nicht in dem Presbyterium von Genf. Die ausgesprochenen Feinde Calvins, der Generalkapitän Amied Perrin, der Sekretär Philibert Berthelier safsen in dem Senat. Desfosses, Favre, Pierre, Vaudel und Sept waren Verwandte und Genossen von Perrin. Shields erzählt zuerst die Ereignisse vor dem Procefs. Er macht mit Recht darauf aufmerksam, dafs Calvin am 13. Febr. 1546 an den Verleger Frellon in Lyon schreibt: „Nichts ist Servet notwendiger als Demut zu lernen. Das kann ihm allein von dem Geist Gottes kommen, sonst nirgends woher. Aber wir sind auch verpflichtet ihm dazu die Hand zu reichen. Wenn Gott ihm diese Gnade gibt, ihm und uns, dafs die gegenwärtige Antwort ihm nützt, so werde ich mich darüber freuen." Im selben Monat schreibt Calvin an Farel: „Servet hat mir neulich geschrieben und seinem Briefe eine grofse Schrift seiner Delirien mit phrasonischem Hochmut beigefügt: grofsartiges und bis jetzt unerhörtes würde ich sehen. Wenn es mir gefiele, macht er sich anheischig, hierher zu kommen. Aber ich will meine Treue nicht verbürgen. Denn wenn er kommt, wo irgend etwas meine Autorität vermag, so werde ich es nicht dulden, dafs er lebend von hier fortkommt." Die Strafsburger Editoren haben in Paris das Original des Briefes gesehen, an seiner Echtheit ist nicht zu zweifeln. Wir haben hier wieder den ganzen Calvin wie er ist. In demselben Geiste, in dem er Servet hilfreiche Hand reichen will, dafs er von seinem Hochmut und seinen Wahnideen abkomme, und in dem er sich seiner Bekehrung aufrichtig freuen werde — in demselben Geiste versichert er, dafs wenn er sich ihm in Genf aufdränge, er ihn dem Gesetze und seinen Folgen rücksichtslos überliefern werde. Aufserhalb Genfs und in Genf war er für ihn ein Gegenstand des Gebetes, dafs Gott ihn bekehren möge, aber in Genf war er zugleich unter dem Gesetze Genfs und das bei irgend einem Menschen aufzuheben, lag niemand ferner als Calvin.*) Der Mensch galt ihm nichts, sondern nur das Recht. Wer herzliche Freude an der Bekehrung jemandes hat, der trägt sich mit keinen gemeinen Rachegedanken. Bolsecs Bosheit hat so diese Worte, die er nicht genau kannte, verdreht. Sie sind dann vielfach gemifsbraucht worden, auch von Schaff. Es ist auch falsch, was die Strafsburger schreiben in den Annalen S. 370. Vol. 21: Calvinus Serveto mortem minatur — das klingt doch so, als ob hier irgend eine Feindseligkeit offenbar würde. Es sind 7 Jahre vergangen, erst dann kommt Servet wie von einem Verhängnis, gleich der Fliege, die in das Feuer gezogen wird,

---

*) Calvin in seiner Defensio: Quia recepto hujus civitatis jure, criminis reum peragere oportuit.

getrieben, er hält sich länger in Genf auf, er setzt den Fuſs in den Kahn, um wegzufahren: da wird er verhaftet und es vollzieht sich an ihm ein Wort, das Calvin vor langer Zeit als Warnung ausgesprochen hatte, nicht ohne prophetische Ahnung.*) Es ist unverständlich, wie man den Reformator hier schmähen kann: in beiden Briefen aus einem Monat ist er der gleiche.

v. d. Linde schreibt über diese Korrespondenz: „Hätte Servet diese Herzerschlieſsung in dem Geist des Menschenmörders von Anfang an lesen können, vielleicht hätte Calvin nicht sieben Jahre später Gelegenheit bekommen, seine blutdürstige Bedrohung zur Ausführung zu bringen. Sein Mordbrief ist zuerst anfänglich gegen Hugo de Groot (Mosheim pp. 126—138) ein paar Jahrhunderte lang abgeleugnet worden, man hielt ihn also für einen schändlichen Brief; dann, als die Echtheit nach aufgefundener Handschrift nicht mehr abgeleugnet kann werden, wird er mit heuchlerischem Gerede verschönert oder in Schutz genommen. — Nachher über den Schriftwechsel zwischen Servet und Calvin kommt das Wort: Bei diesen gewöhnlichen Leidenschaften kam noch dazu, daſs beide Briefschreiber meinten, Gottes Werkzeuge zu sein, um die Ketzereien auszurotten. Der mitgeteilte Brief Servets an Abel Toupin in Genf zeigt zur Genüge, welches Geistes er war. Es ist nichts als eine groſse Lästerung der ewigen Wahrheit, die Calvin predigte. „Euer Evangelium ist ohne den einen Gott, ohne wahren Glauben, ohne gute Werke. An Stelle des einen Gottes habt ihr einen dreiköpfigen Cerberus."

---

*) Servet: Ich weiſs es gewiſs, ich werde für diese Sache sterben müssen, aber darum bin ich nicht verzagt in meiner Seele, damit ich Jünger gleich werde meinem Meister. Calvin: Hic locus dignus est quem exquisitis judicii sui exemplis Deus prae aliis illustret. An Viret 14. Nov. 1546

Mit Recht tadelt im folgenden Shields Schaff und Dyer, (von ihm ein Leben Calvins), dafs sie meinen, Calvin wäre doch irgendwie schuldig, dafs Servet in die Hände der päpstlichen Inquisition in Vienne kam. Calvin hat diese Anklage aufs ernsteste zurückgewiesen. Schaff sagt: „Es war ein böser Mifsgriff. Servet war ein Fremder und hatte kein Unrecht an Genf gethan. Calvin hätte ihm erlauben müssen, ruhig seine beabsichtigte Reise fortzusetzen." Servet wollte aber nicht nur eine Route machen durch Genf; er blieb beinahe einen Monat in der feindlichen Stadt und zeigte sich am letzten Abend öffentlich in der Kirche. Er hat offenbar in Beziehung mit den Calvin feindlichen Parteien gestanden.*) Calvin hat das bestimmt geglaubt. So sieht auch Rilliet die Sache an. Nachher ist ja auch der Procefs ganz im Zusammenhang mit den politischen Bewegungen verlaufen. Shields schildert nun den ersten Akt des Processes. Man kann dem nur völlig beistimmen. Wenn Calvin an Farel schreibt, dafs er hoffe, das judicium werde capitale, dafs er aber wünsche, die Härte der Strafe zu mildern, so braucht man hier noch gar nicht an die Todesstrafe zu denken, Calvin kann auch Verbannung gemeint haben; offenbar hat es so Farel in seiner Antwort verstanden, da er sagt: du, der du die Schärfe der Strafe mildern willst, thust damit einen Freundschaftsdienst gegen den dir feindseligsten Menschen. Aber, ich bitte dich, dafs du dich so benimmst, dafs nicht jemand mehr mutwillig neue Dogmen in die Welt werfe und alles so lange ungestraft verwirre, wie jener es gethan hat. Du siehst den arroganten Häretiker Hieronymus (Bolsec), der, unzähligemal wider-

---

*) M. Michelet: Servet comptait sur la victoire des Libertins, et c'est pour cela qu'il prolongea à Genève le sejour qui le perdit. Je crois que le parti eût livré Genève à la France: malheur immense pour l'Europe.

legt, noch nicht zur Ordnung gebracht werden konnte; da weniger die Billigkeit als die Nachsicht der Richter ihre Pflicht nicht that, schadet sie nicht nur jenem, ja verdirbt ihn nicht, sondern noch viele andere." **Farel** fährt dann noch fort: „wenn ich bei Paulo las, dafs er dem Tode nicht entfliehen wolle, wenn er ihn verdient habe, da habe ich mich gerüstet gehalten für das Todesurteil, wenn ich etwas gegen die Lehre des Glaubens gelehrt hätte. Und ich fügte hinzu, dafs ich jeder Todesstrafe völlig wert sei, wenn ich vom Glauben und der Lehre Christi jemanden ablocke. Richtig kann ich anders über andere nicht empfinden, als ich mich selbst beurteile." Da **Farel** später die Feuerstrafe bei **Servet** in Hinrichtung verwandelt haben wollte, so hat er ohne Frage bei der Milderung der Strafe durch **Calvin** nicht an die Feuerstrafe gedacht.

In der folgenden Schilderung des Processes erscheint **Servet** in seinen grauenvollen Lästerungen und rohen Schimpfworten, begleitet zuweilen von schallendem Gelächter, fast mehr als wahnsinnig, jedenfalls ein entsetzliches Schauspiel dämonischer Beeinflussung in einen Garten gestellt, in dem der heilige Geist die Blumen der Reformation zeitigte. **Beza** sagt mit vollem Recht: die Todesstrafe wurde verdientermafsen an **Servet** vollzogen, nicht weil er ein Ketzer war, sondern eine monströse Vereinigung von reiner Gottlosigkeit und erschreckender Blasphemie.

Calvin war zuletzt den Verhandlungen fern getreten. Der Wahrheit gemäfs sagt er: der Senat handelte. „Nachdem er verurteilt ist, habe ich auch kein Wort über die Strafe gesprochen, das müssen mir alle guten Leute bezeugen, aber auch die Bösen fordere ich auf, etwas vorzubringen."

Schaff meint: „**Calvin** hätte einfach nur die Vertreibung von **Servet** aus dem Genfer Gebiet veranlassen sollen wie in dem Fall von **Bolsec**. Das war genügende

Bestrafung. Hätte er Verbannung statt Enthauptung empfohlen, er würde sich selber die Vorwürfe der Nachwelt erspart haben, die niemals die Verbrennung Servets vergessen und vergeben wird." Doch sind die Thatsachen gegen diese Behauptung. Der Rat würde die Verbannung nicht angenommen haben; das Gesetz bestrafte Häresie mit dem Tode; dem Magistrat von Vienne hatte man volle Gerechtigkeit versprochen; die Magistrate von Zürich und Bern hatten dazu ermuntert; die Verbannung hätte das Gift der Irrlehre in andere Gebiete geschleudert und wäre Treulosigkeit gewesen. Stete Einkerkerung hätte einen glühenden Brand der Revolution bewahrt. Calvin konnte damals an diesem Urteil nichts ändern: er hatte keinen Einfluſs auf die Richter. Auch ist der Fall von Bolsec nicht zu vergleichen. Er war nur ein Gegner der Prädestination, nicht ein Lästerer und Empörer. Calvin bezeichnet es als eine Verleumdung giftiger Männer, daſs er Bolsec der Todesstrafe habe überliefern wollen. „Solche Verleumdungen muſs man, bis sie vergehen, mit Verachtung und mutiger Seelengröſse widerlegen, das gebietet Ernst und Klugheit." Calvin sagt gegen Castellio: „die Richter sind mir Zeugen, daſs ich mich ernstlich bemüht habe, daſs Servet nicht zum Tode verurteilt werde; zwei von denselben waren damals seine eifrigen Schutzherrn. Keine Gefahr einer schwereren Strafe schwebte über ihm, wenn er noch irgendwie heilbar gewesen wäre." Mit Recht sagt Turretin: „Servet kann sich nur selbst wegen seines Todes anklagen." Calvin äuſsert neun Jahre nachher: „Gewiſs, seine Anmaſsung hat ihn nicht weniger verdorben als seine Gottlosigkeit." Man behalte bei dem Proceſs von Servet im Auge, daſs die ganze damalige katholische und evangelische Welt seinen Tod gebilligt hat und daſs es nur Feinde und Schmäher Calvins waren, die an der Sache ihren Zorn gegen den Reformator ausliefsen.

Servet hätte sich noch retten können durch offenes Bekenntnis und Unterwerfung unter die Wahrheit; so entkam durch die Bemühungen Calvins fünf Jahre nachher Valentine Gentilis, der derselben Irrtümer angeklagt war und zu demselben Lose verdammt war. Als er seine Häresie erneuerte, wurde er nachher in Bern enthauptet.

Calvin hat dem Spanier vor seinem Tode versichern können, dafs er niemals einen Privatstreit gegen ihn gehabt habe. Das ist keusche Wahrheit in seinem Munde. Shields meint am Schlufs, die letzten Akte Servets wären seine besten gewesen. Obgleich nicht ein Heiliger während seines Lebens, wäre er doch gestorben als ein Gläubiger an den Heiland der Sünder.

Ich halte dies Urteil für falsch. Die letzten Augenblicke Servets machen denselben verworrenen und wüsten Eindruck wie sein Leben. Furcht vor dem Tode, Entsetzen, halbe Bekenntnisse, Unklarheit; mit traurigstem Geiste umgeben ihn Calvin und Farel; es ist kein anderer Geist über ihn gekommen als den er sein Leben lang gehabt hat. Calvin hat mit Recht nicht geglaubt, dafs in 24 Stunden aus solch einem Spötter ein Märtyrer wird. Er hat an seinem Wahn noch in den Flammen festgehalten. Ganz anders als von ihm spricht Calvin von Gruet: dieser hat wirklich eine mira conversio erlebt.*)

Shields bespricht noch zuletzt die Defensio Calvins: Calvin hat in seinen Tagen die Todesstrafe aufrührerischer Ketzer verteidigt, wie in unseren Tagen christliche Männer auf nicht tieferen Schriftgründen und mit nicht besseren politischen Gedanken das Schwert der Magistrate zur Unter-

---

*) Hase S. 297: Doch hat Calvin auch (bei der Verbrennung) gehört: Jesu, du Sohn des ewigen Gottes, erbarme dich meiner — Calvin war nicht gegenwärtig.

drückung von Sklaverei, Rebellion und Anarchie verteidigt haben. „Wenn Gottes Ehre es gilt, so mufs alle Menschlichkeit aus unserem Gedächtnis schwinden" — so hat Calvin empfunden und doch war er der einzige gewesen, der selbst mit dem Tode bedroht, in dem Sturm einer aufgeregten Stadt an Milderung einer Strafe dachte, die alle Welt forderte. Farel, Melanthon, Peter Martyr, Bullinger, Bucer erscheinen härter als Calvin.

Wir haben viel von der Intoleranz von Calvin gehört; man spreche auch einmal von seiner Grofsherzigkeit; wir haben viel gehört von der Tyrannei eines früheren Zeitalters, aber zu wenig von der Zuchtlosigkeit und Auflösung unserer Tage.

Hase, ein Kind der modernen Zeit und der modernen Theologie, die Verbrechen gegen die hohen Artikel der göttlichen Majestät als die geringsten betrachtet, ja die fast ganz ohne die Gegenwart eines lebendigen und seine verletzte Ehre strafenden Gottes lebt, hat in den Worten des feurigen Farel am Scheiterhaufen eine grauenhafte Mischung von Prädestinationsdogma mit dem Teufelsglauben gefunden. Allerdings abschreckend genug für ein Kind unserer Tage, aber beides beruht auf der Lehre der Schrift, und die vielen Irrlehrer unserer Kirche, die aus den Lehrstühlen der Reformation tiefe Mördergruben der Seelen gemacht haben, sollten nachdenklich in diese Flammen des Scheiterhaufens schauen, in denen sich doch nach göttlicher Vorsehung ein gerechtes Gericht vollzogen hat.

Kuyper über Calvin.

Institutie ofte Onderwijsinghe in de Christelicke Religie. Overgeset door Wilhelmus Corsmannus. Herdruk van de uitgave von Paulus Aertz van Ravenstein 1650 te Amsterdam. Naar den oorspronkelijken texte verbeterd, in de taal verduidelijkt, en met een inleiding voorzien door Dr. A. Kuyper. 1889.

Von demselben das Kirchenblatt de Heraut und von seinem Sohne das Buch: De opleiding tot den Dienst des Woords bij de Gereformeerden door Dr. H. H. Kuyper. 1891.

———

In diesen Schriften und noch in manchen anderen hat der Holländer Kuyper (mit ihm sein Sohn) in dem Volke, das der Calvinismus gegründet hat, das aber jetzt in der Mehrheit seiner Glieder den Calvinismus verloren hat, die alte Wahrheit wieder erneuern wollen. Es ist keine Frage, dafs er den deutschen Rationalisten Hase, den schönschreibenden Franzosen Bordier, der vom „Genius des Calvin" redet, den fleifsigen, toleranten Amerikaner Schaff, auch den vortrefflichen Schweizer Stähelin, weit an Urteil und Einsicht in den Calvinismus übertrifft. Die Partieen in der Geschichte der Bildung zum Dienst am Worte in den reformierten Kirchen, die Calvin betreffen, gehören zu dem besten, was über ihn geschrieben ist.

Pierson hatte in seinen Studien über Joh. Calvin bemerkt, dafs die Institutio jetzt nichts mehr als ein geschichtliches Dokument sei. Dem gegenüber solle die neue Ausgabe einen Protest erheben.

Es hat in Holland Ausgaben der Institutio in holländischer Sprache 1560, 1578, 1594, 1602, 1614, 1617, 1650 (zwei in diesem Jahre) — jetzt kommt eine grofse Pause — 1739 und dann erst wieder 1865 von Wyenberg van Zuid-Beyerland gegeben. Die Geschichte der Institutio in Holland ist zugleich eine Geschichte des Auf- und Niederganges des kirchlichen Lebens. Kuyper führt aus, dafs die Hugenotten, die Reformierten, die Calvinisten, sich weder mit Zwingli noch mit Melanthon befriedigen konnten und dafs sie eine nüchterne Rechenschaft von ihrem Bekenntnis verlangten. Alles Unverständliche, alles Schwebende, alles Unbegreifliche war ihnen zuwieder. Einheit, Klarheit und Sicherheit verdanken die reformierten Völker der Institutio von Calvin. Kuyper meint, gegenwärtig seien 70 % der Prädikanten in Holland philosophisch und nicht biblisch gesinnt und wenn etwa biblisch, nicht reformiert, sondern mehr lutherisch und dies lutherisch mehr in lutherischem deutschen Sinn, aber nicht in niederländisch nationalem. Doch es käme jetzt eine Besserung. Das reformierte Bekenntnis ist kein anderes als das lutherische, aber es ist sauberer, klarer, kräftiger. Wir Reformierte haben mehreres und klareres als die Lutheraner empfangen und wir wollen dies Talent nicht in der Erde begraben. — In dem Buche von H. H. Kuyper finden sich vortreffliche Abhandlungen über Calvin und seine Universität, S. 134—246.*)

Meine Absicht bei Herausgabe dieses Heftes ist auch namentlich die, irgend einem begabten jungen deutschen Kirchenhistoriker die Wege ein wenig zu weisen, auf denen er zu einer fruchtbaren Darstellung eines dem reichen Material entsprechenden Lebens von Calvin kommen kann.

---

*) Ein holländischer Freund teilt mir über die Calvinlitteratur in Holland in diesem Jahrhundert folgendes mit:

Sepp, der so genau die Bibliographie kennt, sagt in seiner Bibliothek von Niederländischen Kirchengeschichtsschreibern (S. 192—193) Leiden 1886: Wie erklärt man die Thatsache, dafs keine niederländische Feder das Leben von Calvin beschrieben hat? Wohl sind wir dankbar für das: Jets von Calvijn, dem der amsterdamsche Prädikant E. J. L. Huet († 1846) in der Neuen Christlichen Monatsschrift V. VI. VII u. X einen Platz gab, aber wir müssen bei der Lektüre es betrauern, dafs dieser geschickte Mann uns nicht mehr einen ausführlichen Bericht gegeben hat, den wir so gern von ihm empfangen hätten. Zog das System von Calvin mehr an als der Lauf seines Lebens? Hat sein Betragen gegen Servet Nahrung für eine bewufste Antipathie gegeben? Wer ratet da. Für den zukünftigen Biographen von Calvin versichert Allard Pierson, jetzt Professor in Amsterdam, habe er seine Studien over Johannes Kalvijn (1527—1536) 1881, weiter nach einem Jahre Nieuwe Studien (1536—1541) geschrieben. Rauwenhoff urteilte, dafs in diesen Studien die Gröfse Calvins nicht zu ihrem Rechte gekommen sei. Man wird gern zugeben, dafs ein Lobredner in anderer Weise betrachtet, denn ein Kritikus. Die Frage ist doch nur die, ob diese Vorarbeit von Pierson dem zukünftigen Biographen von Calvin zugute kommen kann — und darauf mufs man zustimmend antworten, auch nachdem man die ausführlichen Beurteilungen kennen gelernt hat, die J. van den Bergh in de Tijdspiegel 1882 I, 1884 III, und C. F. Hofstede de Groot in Geloof en Vrijheid 15. Jahrgang gegeben haben. Denn diese Studien beruhen auf den neusten Quellen.

A. Schriften über Calvin:

Het leven, de gevoelens en bedrijven von J. Calvijn door Fischer; uit het Hoogduitsch vertaald door G. H. Reiche. Utrecht 1796.

W. Broes: Nieuw Chr. Maandschrift. 1830. Deel IV. (Over Calvijn.)

B. R. de Geer: (hoogl. te Franeker overleden 1840) „Het zedelijk karakter der voornaamste hervormers in de zestiende eeuw. enz. Bekroonde Prysverhandeling van het Haagsche Genootschap 1831.

P. J. L. Huet: Jets over Calvijn. Amsterdam 1831. (ook prof. ter Haar noemt dit allerbelangrjkst.)

Dr. B ten Haar: De Geschiedenis der Kerkhervorming in tafereelen IIe deel (4e druk 1848) pg. 33—94 over Joh. Calvijn.

P. Henry: Het leven van Johannes Calvijn uit het hoogduitsch vertaald en met aanteckeningen vermeerderd door P. J. L. Huet. 1847.

U. S. Goudschaal: Gods leidingen met Joh. Calvijn. Winschote 1850. Eene verhandeling voor het volk, genomen uit het boek van P. Henry.

J J. van Oosterzee: Joh. Calvijn in de „Geschiedenis der Chr. Kerk in tafereelen" 1856. IV. deel.

F. Bungener: Kalvijn in zijn leven, werk en zijne geschriften. Naar het fransch met een woord tot inleiding van J. P. Hasebroek. Amst. 1862.

(Uit dit boek entstond nog een geschrift voor het volk: Wie was Kalvijn en wat heeft bij gedaan?)

F. Bungener: „Hij hield zich vast." Rede door Bungener uitgesproken te Geneve 29. Maart 1864, vertaald door J. P. Hasebroek.

L. J. van Rhijn: Johannes Kalvijn. Kerkelijke gedachtenisrede. s'Gravenhage 1864.

H. J. Schouten: Calvijns vermeende onzedeljkheid. 1871. „Navoorscher."

Hoog: Calvijn en Merula. Een geschrift van den Protestantenbond.

J. Eigeman: Jan Calvijn zijn leven, lotgevollen en dood. 1881.

Dr. A. Pierson: Studiën over Johannes Kalvijn (1527—1536). 1881.

Dr. A. Pierson: Nieuwe Studiën over Johannes Kalvijn (1536 bis 1541).

J. H. Gunning: van Calvijn tot Rousseau. 18—?

B. Dogmatik und Exegese von Calvin.

Dr. G. Escher: de Calvino librorum N. T. historicorum interprete Utrecht. 1840.

F. P. J. Sibmacher Zijnen: Anselmi et Calvini placita de redemtione. 1853.

Dr. A. Kuyper: Disquisitio exibens Johannis Calvini et Johannis à Lasco de Ecclesia sententiarum inter se compositionem. 1862.

W. v. d. Bergh: Calvijn over het Genadeverbond. 1879.

P. J. Muller: De Godsleer van Calvijn. Groning. 1881.

A. S. E. Talma: De Anthropologie van Calvijn. Utrecht. 1882.

Dr. P. J. Muller: De Godsleer van Zwingli en Calvijn. 1884. Beoordeeld door A. S. L. Talma in „Stemmen voor Waarh. en Vrede" 1884, bevattend tevens eene beoordeeling van Calvijns uitspraak: naturam pie dici posse Deum.

C. Über den Calvinismus.

Ypey en Dermont: Gesch. der Nederl. Herv. Kerk. 1819.

W. Broes: De Kerk en de Staat enz. Amsterdam. 1830. Deel III. pag. 60 en vervolg.

Merle d'Aubigné: Geschied. der Herv. in Europa ten tijde van Calvijn uit het Fransch 1863.

H. J. Royaards: Begrip en omvang der hervorming Nederl. Archief voor Kerkel. Gesch. Deel XII.

van Heyningen: Tafereele uit de gesch. der Chr. Kerk voör 1847.

Lechler: Gesch. der Presbyterial- u. Synodalverfassung. 1854. Leiden.

C. Sepp: Het Protestantisme in Frankrijk gedurende de 16e, 17e en 18e eeuw. Godgel. Bijdragen 1861.

J. H. Scholten: De Leer der Herv. Kerk 4e dr. 1863. Leiden.

Mr. Groen van Prinsterer: La Hollande et l'Influence de Calvin. Amsterdam. 1864.

L. W. Rauwenhoff: Gesch. van het Protestantisme. Haarlem. 1865.

G. J. R. Acquoy: Jan von Venray (Ceporinus) hoofd. XI. s'Hertogenbosch. 1873.

A. Kuyper: Het Calvinisme oorsprong en waarborg onzer constitutioneele vrijheden. Amsterdam. 1874.

Mr. Groen van Prinsterer zegt in de Nederl. Gedachten 2e Serie, deel IV, pag. 203, Oct. 1873: In de Calvinistische Reformatie naar de H. Schrift ligt oorsprong en waarborg der zegeningen, waarvan 1789 de bedriegelijke belofte en de jammerljke carricatuur gaf. I.

A. Kuyper: Striht genomen, het recht tot Universiteitsstichting. Amsterdam. 1880. III, § 3: Geneves Kerk onder Kalvijn.

A. v. d. Linde: Michael Servet. Groningen. 1891.

J. A. Wylie: De Geschiedenis van het Protestantisme in het holl. door C. P. Hofstede de Groot en eene bewerking door J. H. Gerth van Wyk. hoofd. 11—12.

D. Werke und Übersetzungen von Werken von Calvin.

Verhandeling over de H. Overblijfselen door J. Kalvijn op nieuw uit het fransch vertaald. Amsterdam. 1842. ·

Jean Calvin: Petit traité de la Sainte Cène de notre Seigneur Jésus Christ. La Haye. 1844.

Institutie von Calvijn op nieuw in het Holl. vertaald. Zalsma Kampen, 1865—67.

Over de Ergernissen. Utrecht. 1881.

Institutie van Calvijn 1889, bezorgd door Dr. A. Kuyper naar ed. van 1650 door W. Corsmannus.

Ferner sind vor einigen Jahren die Kommentare Calvins über das N. T. in holländischer Sprache herausgegeben. Neuerdings erscheint auch eine Übersetzung der Psalmen.

Im Anschlufs hieran teile ich nachstehend noch eine Liste von Calviniana mit, welche R. Geyser in Elberfeld in der Liter. Beilage der Ref. Kirchenzeitg. 17. Jahrg. 1894. Nr. 3 veröffentlicht. Vat, het leven van Johannes Calvijn voor het Nederlandsche volk geschetst. Met een voorrede van J. J. A. Ploos van Amstel. Mit Bild. Amst., Wormser, 1888. VIII, 224 p. — A. Pierson, Nieuwe studiën over Johannes Kalvijn: 1536—1541. Amsterdam, P. N. van Kampen en zoon, 1883. XVI, 238 p. — Ders., Studiën over Johannes Kalvijn: 1540—1542. Amst., van Kamp. en zoon, 1891. XXVIII, 184 p. — E. Couard-Luys, Documents inédits relatifs à Calvin. (Bull. du·Comité des travaux hist. et scientifiques. Section d'hist. et de philol. 1884, 1, p. 6—13.) — C. A. Cornelius, Die Verbannung Calvins aus Genf im Jahre 1538. München, G. Franz' Verlag, 1886. 74 S. 4⁰. — Ders., Die Rückkehr Calvins nach Genf. I. Die Guillermins. ibid. 1888. 62 S. 4⁰. II. Die Artichauds. III. Die Berufung. ibid. 1889. 102 S. 4⁰. — Ders., Die Gründung der Calvinischen Kirchenverfassung in Genf 1541. Ibid. 1892. 39 S. 4⁰. (Vorstehende vier Schriften aus: „Abhandlungen der K. B. Akad. der Wiss." — Ders., Der Besuch Calvins bei der Herzogin Renata von Ferrara im Jahre 1536. (Deutsche Ztschr. f. Geschichtswissensch. IX, 2, 1893, S. 203—222.) — Becker, Die englische Fremdengemeinde in Genf zur Zeit Calvins. (Reform. Kirchenztg. 1888, 41, S. 652—654; nach „The Independent".) — Ch. Dardier, Un nouveau portrait de Calvin. (Bull. Soc. de l'hist. du prot. franç. 1886, 5, p. 222—226.) — Abel Lefranc, La jeunesse de Calvin. Paris, Fischbacher, 1888. XVI, 228 p. (Siehe dazu Bull. Soc. prot. franç. 1888. p. 492—496.) — H. Lecoultre, La conversion de Calvin. Etude morale. (Revue de théol. et de philos. 1880, 1, p. 5—30.) — H. Dalton, Calvins Bekehrung. (Deutsch-evangel. Blätter 1893, 8, S. 529—554.) — Gaberel, La vie intime de Calvin. (Séances et travaux de l'acad. des sciences morales et politiques, 1885, p. 268—279. — D. Ollier Le mariage de Calvin. (Revue chrétienne 1892, sept., p. 210—226.) — A. Lang, Das häusliche Leben Johannes Calvins. S. A. aus der Beil. z. „Allg. Zeitg." Nr. 137, 138, 140 und 142. München, J. G. Cotta Nachf., 1893. 40 S. (Wiederabgedruckt in Eichhorns Reform. Volks-Kalender 1894, S. 35—57.) — Ph. Schaff, The friendship of Calvin and Melanchthon. (Papers of the American soc. of church hist. IV, 1892, p. 141—163. — B. Fontana, Documenti dell' archivio vaticano e dell' Esterse circa il soggiorno di Calvino a Ferrara. (Archivio della R. Società Romana di storia patria, VIII, 1—2, p. 101 bis 139.) — E. Comba, Calvino a Ferrara. (Rivista Cristiana 1885, p. 129—131; 161—170; 239—242.) — M. Schelcher, War Calvin in Ferrara? (Ztschr. f. kirchl. Wiss. und kirchl. Leben. 1885, 9, S. 498—502.) — H. Lecoultre, Le séjour de Calvin en Italie d'après des documents récents. (Revue de théol. et de philos. 1886, 2, p. 168—192.) — Ders., Les protestants de Ferrare en 1536. (Ibid. 1891,

3, p. 225—238.) — J. Bonnet, Calvin à Ferrare 1535—1536. (Bull. Soc. de l'hist. prot. franç. 1892, 4, p. 171—191.) — E. Stricker, Johannes Calvin als erster Pfarrer der ref. Gemeinde zu Strafsburg. Nach urkundl. Quellen. Strafsburg, Heitz, 1890. VI, 66 S. — A. Erichson, L'église française de Strasbourg au 16e siècle d'après des documents inédits. Strafsburg, Schmidt, 1886. 72 S. — K. Grosse, Syntaktische Studien zu Jean Calvin. In.-Diss. Giefsen, Univ.-Buchdr., 1888. 61 S. — A. Lang, Die ältesten theologischen Arbeiten Calvins. I. Die Rede des Rektors Cop. 1533. II. Zwei Vorreden zu Olivetans Bibelübersetzung 1536. III. Die Psychopannychie 1542. IV. Fragment einer Vorrede zu den Homilien des Chrysostomus 1537 oder 1538. (Neue Jahrb. f. deutsche Theol. II, 1893, 2, S. 273 bis 300.) — H. Lecoultre, Calvin d'après son commentaire sur le De clementia de Sénèque (1532). (Revue de théol. et de philos. 1891, 1, p. 51—77.) — H. de Rougemont, L'institution chrétienne de Calvin dans sa rédaction primitive. (Chrétien évangélique XXXI, 1888.) — G. Lanson, L'Institution chrétienne de Calvin; examen de l'authenticité de la traduction française. (Revue historique 1894, janv.—févr., p. 60—76.) — A. I. Baumgartner, Calvin hébraïsant et interprète de l'Ancien Testament. Paris, Fischbacher, 1889. 62 p. — F. W. Farrar, Calvin as an expositor. (The Expositor 1884, June, p. 426—444.) — Ph. Schaff, Calvin as a commentator. (The Presbyt. and Reformed Review 1892. July, p. 462—469.) — D. Moore, Calvins doctrine of Holy Scripture. (Ibid. 1893, jan., p. 49—70.) — P. I. Muller, De godsleer van Zwingli en Calvin. Eene vergelijkende studie. Sneek, J. Campen. 1884. IV, 115 p. — F. Kattenbusch, Joh. Calvin. (Theol. Zeitschrift der deutschen evang. Synode von Nordamerika 1887, H. 8 f. Wiederabdruck eines alten Art. aus Jahrb. f. deutsche Theol.) — F. E. Daubanton, Leert Calvijn, Institut I, 6. I, het „Foedus Operum'? (Theol. Studiën 1893, 3 en 4.) — I. A. Harris, Bible study; the Calvinistic doctrine of election and reprobation no part of St. Paul's teachings. Philadelphia, Porter & Coates, 1890. III, 101 p. — J. M. Usteri, Calvins Sakraments- und Tauflehre. (Theol. Stud. und Krit. 1884, 3, S. 417—456.) — A. Kraufs, Calvin als Prediger. (Ztschr. f. prakt. Theol. 1884, 3, S. 225—258.) — A. Wattier, Calvin prédicateur. Etude. Genève, E. Berond & Cie. 1889. 128 p. — E. Pasquet, Essai sur la prédication de Calvin. Thèse. Genève, impr. Richter, 1889. 86 p. — J. Heiz, Calvins liturgische Grundsätze. (Ztschr. f. prakt. Theol. 1887, 4, S. 333—367.) — A. Erichson, Die Calvinische und altstrafsburgische Gottesdienstordnung. Ein Beitrag zur Geschichte der Liturgie in der evangelischen Kirche. Strafsburg, J. H. Heitz, 1894. 35. S. — A. Zahn, Calvin als Dichter. (Ztschr. f. kirchl. Wiss. und kirchl. Leben. 1889, 6, S. 315 bis 319.) — J. Heinz, Calvins Thätigkeit für die Schule. (Ztschr. f. prakt. Theol. 1889, 1, S. 1—29.) — Ders., Calvins Stellung zum Armenwesen. (Prot. Kirchenztg. 1887, 52, Sp. 1193—1204.) — Ders.,

Calvins kirchenrechtliche Ziele. (Theol. Ztschr. aus der Schweiz 1893, I, S. 10—27; II, S. 70—81.) — F. Ebeling, Ein protestantischer Kirchenstaat. (Genf zu Calvins Zeiten.) (Ev. Kirchenztg. 1886, Nr. 41, 43, 45 und 46.) — H. Fazy, Le procès de Jaques Gruet (1546 bis 1547). (Mémoires de l'Inst. Nat. Genevois p. 1—144.) — Dr. P. Brandes, Calvin und Gruet. (Reform. Kirchenztg. 1887, 3, S. 33 bis 37.) — J. P. Maguin, Servet et Calvin. Progr. der städt. Realschule zu Wiesbaden, 1886. 32 S. 4°. — I. G. de Hoop-Scheffer, Servet en Calvin. („de Gids", 1891, August.) — M. Servets Wiederherstellung des Christentums. I. Bd. Sieben Bücher über die Dreieinigkeit, zum erstenmal übers. von B. Spiefs. Wiesbaden, Limbarth, 1892. 323 S. — H. Tollin, Der Verfasser de Trinitatis erroribus L. VII (Servet) und die zeitgenössischen Katholiken. (Jahrb. für prot. Theologie 1891, 3, S. 384—429.) — Ders., Thomas von Aquino der Lehrer Michael Servets. (Ztschr. f. wissensch. Theol. 1892 und 1893.) — M. Andrae, (Rómanek), Ein Martyrium in Genf (Michael Servet). Kulturhistor. Zeitbild aus dem 16. Jahrhundert. Berlin, Wiegandt & Grieben, 1887. IV, 517 S. — A. van der Linde, Michael Servet, een brandoffer der gereformeerde inquisitie. Groningen, P. Noordhoff, 1890. VIII, 326 S. — I. H. Allen, Michael Servetus. (The New World 1892, dec., p. 639—657.) — Ch. W. Shields, The Trial of Servetus. (The Presbyt. and Reformed Review 1893, july, p. 353—389.) — I. Geymonat, Michel Servez et ses idées religieuses, Essai historique et critique. Genève, Georg & Co., 1893. 65 S. — A. Lefranc, Sébastien Castellion et la tolérance religieuse au XVIe siècle. (Revue internat. de l'enseignement 1892, 3, p. 220—238.) — Dr. Brandes, Bibliotheca Calviniana. (Reform. Kirchenztg. 1888, 1, S. 10—22.) — P. Vaucher, Calviniana. (Anzeiger für Schweiz. Gesch. 1893, 1 und 2, S. 449—455.) — N. Weifs, Quelques travaux récents sur Calvin. (Bull. Soc. de l'hist. prot. franç. 1891, p. 496—500.) — Eine reiche Quelle für Calviniana ist auch die Presbyterian and Reformed Review in Princeton.

Wilhelm Dilthey über Calvin.

Wir schliefsen mit einem Philosophen. Wilhelm Dilthey in dem Archiv für Geschichte der Philosophie Bd. VI. S. 528 ff. hat eine lesenswerte und gedankenreiche Darstellung des Wesens von Calvin gegeben. Dilthey meint von den Libertinern, dafs sich unter ihnen vordringende, aufrichtige Männer befanden, die unter anderem die zukunftvolle Lehre von einem unsterblichen Geiste im ganzen Universum ergriffen hatten. Da zeigt sich der Unterschied zwischen dem Philosophen und dem Reformator. Wenn über irgend eine Erscheinung seiner Zeit Calvin seinen heftigsten Zorn geäufsert hat, dann über die Spirituels. „Die höchste Gabe des Schriftstellers, Originalität und seelischer Reichtum war ihm versagt." Das Urteil ist sehr zu beschränken. Calvin ist so original, dafs man seine Sätze alsbald aus einer Menge anderer herauserkennt, und ein Mann von solchem verzehrenden Pathos, Zorn und Liebe hat einen seelischen Reichtum, nur liegt er mehr auf dem Gebiet der Erkenntnis und des Willens. „Die synthetische Entwicklung des ganzen religiösen Stoffes aus dem Wirken Gottes auf den Menschen, nach dem in seinem Ratschlufs enthaltenen Zusammenhang seiner Funktionen ist der einzige echte architektonische Gedanke, welcher aus dem unermefslichen Bücherhaufen protestantischer Dogmatik bis auf Calixt, wie er den Boden von anderthalb Jahrhunderten bedeckt, dem kritischen Forscher entgegentritt." „Jede auch formale Hilfe der Philosophie wird von Calvin ausgeschlossen." Bei den Bemerkungen über die Vorherrschaft des Gesichtspunktes des A. T. finden wir bei Dilthey dieselben Jrrtümer wie bei andern. Sehr zweifelhaft ist der Satz: „bei Calvin ist der lebendige Kern des christlichen Dogmas von der Menschwerdung aufgelöst." Die ganze Bedeutung der Erscheinung Christi im Fleisch kann stehen bleiben, auch wenn derselbe nur als Diener des Ratschlusses Gottes kommt. Der fleischgewordene Sohn Gottes versiegelt nach Johannes die Wahrhaftigkeit der Verheifsungen Gottes. Dilthey protestiert dagegen, dafs die moderne Schule Calvin einen „Epigonen Luthers" nenne. „Die reformierten Kirchen haben eine eigene grofse, über die der Lutheraner hinausreichende Energie und Leistung in der Behauptung des Protestantismus bewährt." Es kommt nun eine schöne Schilderung des mächtigen Einflusses, den der Calvinismus auf die Welt gehabt habe, wobei dann freilich auch alle ketzerischen Auswüchse in diese Fruchtbarkeit hineingezogen werden. „Nie hat es eine Religiosität von geschlossenerem Charakter gegeben." Es tritt allerdings in der „reformierten Religiosität" ein über das Luthertum hinausgehendes Element in die Weltgeschichte ein, vielmehr aber in seinem praktischen Ernste als in einer neuen Dogmatik. Seine Grundgedanken hat Calvin doch von Luther empfangen, und in den Hauptsachen hat er sich immer mit ihm in Übereinstimmung gewufst, wie er dies selbst so oft hervorhebt, namentlich auch in seiner gewaltigsten Schrift — der machtvollsten des ganzen Jahrhunderts — de necessitate reformandae ecclesiae an Carl V: nach einer Schilderung des schrecklichen Verderbens der Kirche: emersit Lutherus, qui nobis facem ad reperiendam salutis viam praetulit. In voller Einheit mit Luther schliefst er: Scimus, inquam, esse aeternam Dei veritatem quam praedicamus.

Ein „Epigone" ist er freilich so wenig, dafs er nicht nur Luther völlig gleichberechtigt ist, sondern auch in fürstlicher Freiheit und Eigenart neben ihm steht.

Ich schliefse mit einem Worte Bezas: die Lehre Calvins ist es wert, bis ans Ende der Tage zu bleiben.